IN MEMORIAM

CHARLES BOIS

Doyen de la Faculté de théologie protestante de Montauban
Professeur de Morale et d'Éloquence sacrée
Membre du Conseil supérieur de l'Instruction publique
Officier de l'Instruction publique, Chevalier de la Légion d'honneur

1826-1891

Saint-Bénézet-Montauban

7 MAI 1891

« J'ai gardé la foi. »
(II, Timothée, iv, 7.)

« En toutes choses nous sommes plus que
vainqueurs par Celui qui nous a aimés ! »
(Romains, viii, 27.)

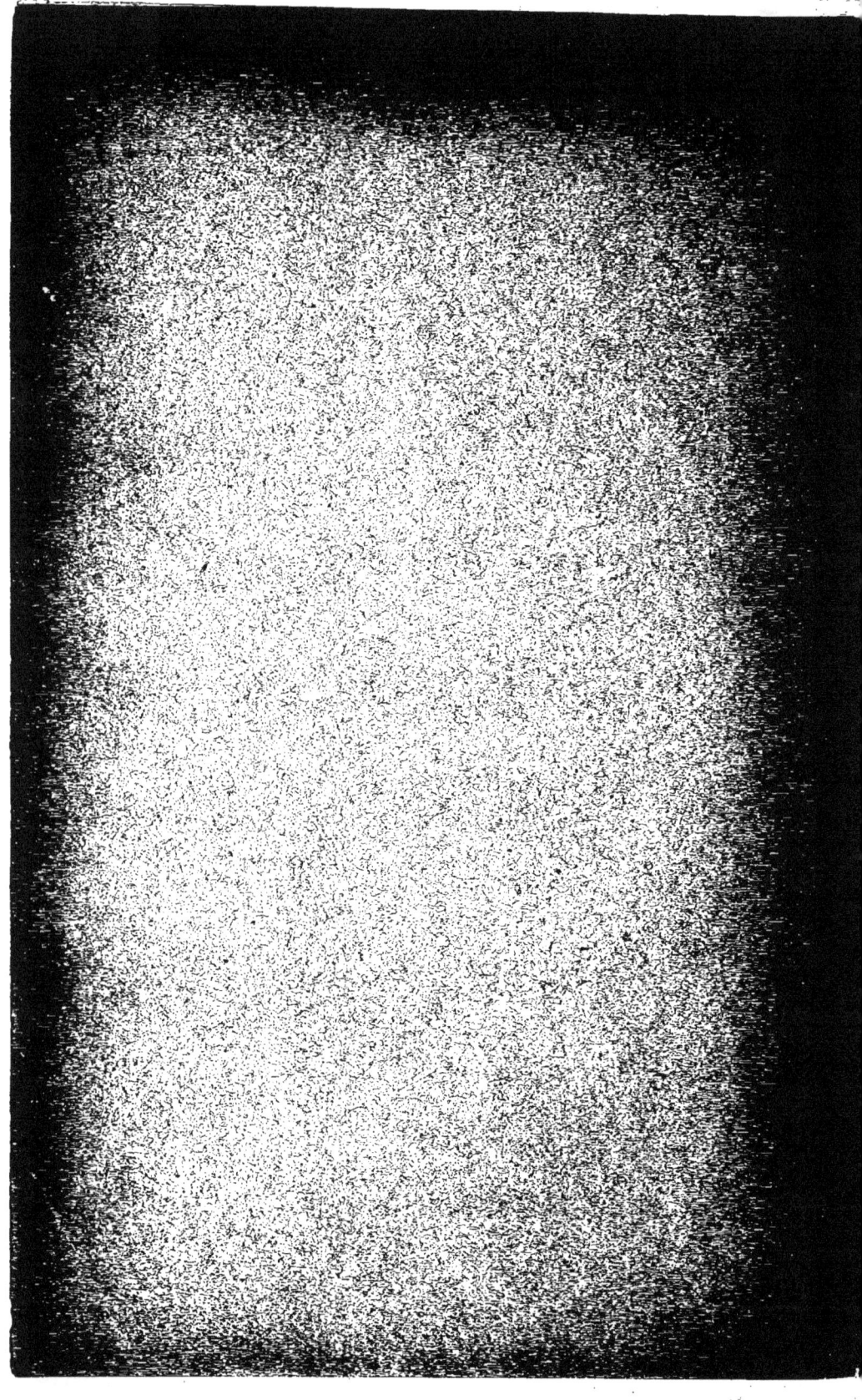

IN MEMORIAM

M. le doyen Charles Bois *a été retiré de ce monde le 5 mai 1891, après une longue maladie chrétiennement supportée.*

Le 7 mai, jour de l'Ascension, ses obsèques avaient lieu à Saint-Bénézet (Gard), au milieu d'un grand concours d'amis, parmi lesquels une députation de professeurs et d'étudiants de Montauban, et de nombreux pasteurs. De toutes parts, des marques de sympathie et de regrets venaient dire à ses enfants que leur deuil était celui de l'Église entière, et que le Père qu'ils avaient eu le privilège de posséder ici-bas laissait après lui une trace bénie. Ils sont heureux de penser que ce fidèle serviteur de Jésus-Christ n'a pas travaillé en vain, que dans l'Éternité beaucoup rendront grâces à Dieu de l'avoir connu sur la terre, et dans leur grand deuil ils ont trouvé de la douceur à réunir ici, pour eux et les intimes de M. Charles Bois, les discours et quelques-uns des articles qui ont dit ce qu'il avait fait pour l'œuvre de son Maître.

I. — A SAINT-BÉNÉZET

M. E. Sayn, pasteur de la paroisse de Lédignan, dont St-Bénézet fait partie, après la lecture de quelques passages de la Parole de Dieu, admirablement choisis pour la circonstance, s'exprime en ces termes :

MES FRÈRES,

En nous joignant au nombreux cortège qui s'est formé autour de celui qui fut une lumière dans l'Église, nous avons voulu, sans doute, honorer la mémoire d'un grand serviteur de Dieu, mais aussi et surtout rendre un témoignage de chrétienne sympathie à une famille chère à notre protestantisme, une famille qui voit se multiplier dans son sein les épreuves et les déchirantes séparations. Pour traduire la pensée qui, j'en suis convaincu, est celle de nous tous, il me suffirait d'emprunter le langage de l'apôtre et de dire après lui : « *Pleurez avec ceux qui pleurent.* » (*Rom.*, XII, 15.)

Ils me comprendront, je le sais, ceux dont l'âme a été transpercée quand ils ont dû fermer les yeux à un être bien-aimé, ceux qui connaissent les veilles prolongées auprès d'un malade chéri, et qui, après avoir suivi avec une anxiété croissante la marche de la maladie et l'affaiblissement progressif, ont compté, pour ainsi dire, les faibles battements d'un cœur où la vie menace de s'éteindre. Une tendresse filiale et une prévenante affection ont entouré notre frère pendant les jours pénibles de ses souffrances corporelles ; or l'intensité de la douleur se mesure à celle de l'affection ; les cœurs les plus aimants sont aussi les plus ulcérés. Voilà pourquoi en disant à nos amis affligés : laissez couler la source des larmes ; il est auprès de vous le Maître tout-puissant, et, s'il a laissé partir votre bien-aimé, c'est que le jour était venu de lui accorder le repos éternel, nous voudrions vous dire à tous : « *Pleurez avec ceux qui pleurent.* »

Mais il est une autre famille largement représentée ici, et dont M. Bois était le chef le plus autorisé ; je veux parler de notre Église réformée, à laquelle il a consacré ces facultés brillantes qui donnaient tant d'attrait, je dirai même tant de charme à ses leçons.

Professeur et doyen de la Faculté de Montauban, il avait à cœur les progrès de l'enseignement théologique, et vous savez avec quel zèle il cherchait à introduire d'heureuses innovations. Les généraux qui travaillent le mieux à aguerrir leurs soldats sont aussi les plus vaillants à l'ennemi. Or, quand notre Église a traversé des heures solennelles, heures de crise et de danger, M. Bois s'est levé, il a pris en main le drapeau de la foi et, avec une énergie égale à ses convictions et à son talent, il a revendiqué pour notre société chrétienne le droit d'exprimer ses croyances religieuses.

Cette famille qui s'appelle l'Église Réformée est en deuil : une grande lumière vient de s'éteindre !

Mais, pour bien apprécier un chef de famille, il faut le voir, non seulement quand il veille aux intérêts des siens en leur consacrant une laborieuse activité, mais encore dans les moments de loisir et de repos où l'affection peut se donner libre carrière. Le rêve d'un homme pieux est que ses enfants deviennent des chrétiens : le rêve, la noble ambition de M. Bois était de faire de ses élèves, non seulement des hommes instruits, distingués, mais encore des pasteurs dans toute l'acception du terme, des pasteurs pieux, croyants ; et tous se souviennent de ces entretiens qui nous réunissaient dans sa demeure hospitalière, en dehors des cours officiels, et où, à travers cette clarté d'exposition qui le caractérisait, sa puissance d'assimilation, on sentait une âme de pasteur.

Pasteur, il l'avait été en effet, et, s'il a connu de bonne heure les difficultés du ministère évangélique, il en a aussi goûté les joies saintes et les fruits savoureux : ces joies et ces fruits qui ne sont accordés qu'à la foi agissante.

Pasteur, il l'a toujours été, et l'une de ses épreuves, une véritable écharde pour lui, était de ne pouvoir annoncer l'Évangile du haut de la chaire chrétienne. Néanmoins, pendant son séjour à Saint-Bénézet où ses anciens élèves étaient sûrs de trouver une cordialité si affectueuse, sa maison était ouverte à tous à l'heure du culte domestique, et ils sont nombreux dans cette paroisse, ceux qui par ce moyen ont été soutenus, encouragés, fortifiés dans la foi.

Ah ! Messieurs, quand nous considérons la perte que nous venons de faire, notre douleur est grande, deuil pour une famille déjà si éprouvée, deuil pour la faculté de Montauban, deuil pour cette paroisse, deuil pour notre Église tout entière.

Un Elie vient de nous être enlevé ; qui relèvera son manteau ? Mes frères dans le ministère évangélique, chers et honorés collègues dont la plupart se sont assis aux pieds de ce maître dans l'art de bien dire, maître qui est aussi un chrétien d'élite, nous avons reçu quelque chose de la semence qu'il a voulu déposer dans le cœur des conducteurs spirituels : il a fait du bien à nos âmes, il en fera encore à d'autres âmes, si cette semence qui a déjà produit des fruits est répandue à pleines mains dans nos paroisses respectives. A nous, mes frères, de relever ce manteau, afin que l'épreuve dont nous sommes tous accablés soit comme un stimulant divin qui augmente les forces, ouvre les cœurs, multiplie l'activité féconde, consacre le dévouement chrétien.

Les hommes passent, même les meilleurs, ceux dont la présence ici-bas semble le plus nécessaire, mais l'Éternel demeure. C'est pourquoi, quoique mort, notre frère regretté parle encore, car l'Esprit de l'Éternel, qui est un esprit de grâce et de vie, va de cœur en cœur, d'âme en âme, et passe des pères chez les enfants.

Après M. Sayn, M. Jean Monod, assesseur du doyen de la Faculté de Montauban, revêtu de sa robe de professeur, prend la parole au nom de la Faculté :

Messieurs et Frères,

Au moment de parler sur cette tombe, comme l'un des représentants de la Faculté de Montauban, je ne puis m'empêcher de laisser voir l'indicible serrement de cœur avec lequel je viens remplir la mission funèbre qui m'est dévolue. Oui, j'ai de la peine à me persuader que ce soit notre ami Charles Bois, hier encore semble-t-il si plein de vie, d'intelligence et de bonté, dont nous prenons congé aujourd'hui. On voudrait croire que c'est un mauvais rêve, que cette séparation ne s'est pas encore accomplie, que nous verrons encore son regard brillant, que nous entendrons encore sa parole nette et rapide, que nous recevrons encore ses conseils. Et cependant, Messieurs, il est bien vrai que Dieu l'a repris à lui, c'est bien notre ami qui a entendu à son tour le suprême appel du Maître : « Entre dans la joie de ton Seigneur! »

Nous le pleurons, et nous ne sommes pas les seuls à le pleurer. Notre deuil est avant tout celui de l'Église, qui est frappée tout entière, puisqu'elle perd une de ses plus pures lumières, un de ses conducteurs les plus sûrs, qui a exercé l'influence considérable que chacun sait sur les délibérations du trentième Synode général des églises réformées de France, et a été plus tard élu modérateur d'un de nos Synodes généraux officieux.

D'autres parleront de sa carrière pastorale, qu'il exerça au Vigan d'abord, comme jeune suffragant, puis à Montmeyran, où il vit éclater et dirigea avec autant de sympathie que de sagesse chrétienne un beau réveil religieux; à Alais enfin, où vint le chercher la confiance des Églises pour l'envoyer, comme professeur de théologie, à la Faculté de Montauban.

C'est au nom de cette Faculté, qu'il a servie pendant trente ans, que je voudrais, comme collègue et comme assesseur, lui rendre un hommage qui fût digne de sa mémoire.

Pour savoir tout ce que nous avons perdu en lui, il faudrait pouvoir mesurer, dans les divers domaines de notre vie universitaire, le vide qu'il laisse. Ce serait à ses élèves, à ses anciens élèves, comme à ceux qui leur ont succédé, de dire ce qu'il fut dans la chaire de morale et d'homilétique où il remplaça M. de Félice, après avoir débuté par l'enseignement de l'hébreu et de l'exégèse de l'Ancien Testament. Sa manière se distinguait surtout par une ardeur communicative. Il ne savait pas prendre les choses froidement. L'exposition tournait vite à la discussion et la discussion devenait vite chaleureuse, entraînante. Très au courant des débats philosophiques contemporains, il les faisait volontiers intervenir dans ses leçons de morale, ce qui leur donnait un intérêt d'actualité toujours renaissant et stimulait la pensée de ses élèves. Pour

M. Bois, d'ailleurs, la morale était la philosophie de la vie chrétienne et se trouvait par là rattachée aux questions les plus élevées de la dogmatique. En même temps moraliste pénétrant, observateur et connaisseur de la nature humaine, il excellait dans les applications des grands principes chrétiens aux détails de la conduite. — Ceux qui ont lu ses belles conférences intitulées « *Évangile et liberté* » ou ses contributions diverses à la *Revue théologique*, ceux surtout qui ont un peu vécu dans son intimité intellectuelle savent que, pour lui, le point de départ de la vraie théologie et la clef des questions religieuses était dans l'affirmation puissante du devoir, et par conséquent de la liberté morale : de la liberté en Dieu ou la grâce, et de la liberté en l'homme ou la conversion. La morale chrétienne, telle qu'il l'avait comprise, gravitait autour de ces deux faits. C'est dire que J.-C. en était le centre, soit théoriquement, soit pratiquement. « Nous ne voulons, disait-il, dans un discours de consécration, faire pénétrer, faire régner dans les âmes, d'autre dogme, d'autre puissance que J -C.... Et quand nous soutenons des luttes, au sein de notre Église, c'est pour y maintenir à J.-C. la place souveraine qui lui convient dans l'enseignement et dans le culte, comme dans les cœurs. »

Il obéissait à des préoccupations du même ordre quand, dans ses cours de théologie pratique, il plaçait ses élèves, de préférence, en face de l'enseignement direct de Jésus-Christ, en entreprenant avec eux une explication de ses paraboles, à la fois psychologique et homilétique, qui, nous le savons, a porté pour plusieurs des fruits précieux.

A ces qualités de professeur que ses collègues connaissaient comme par reflet, d'après les témoignages des étudiants, comment ne pas ajouter celles qu'ils ont pu apprécier directement dans leurs relations avec leur excellent, aimable et habile doyen?

Durant un décanat de quinze ans, quels services n'a-t-il pas rendus à la Faculté par l'ensemble de ses dons si bien équilibrés, par une administration ferme et intelligente, par la façon judicieuse dont il dirigeait les discussions du Conseil de Faculté, par les missions qu'il a remplies auprès des autorités universitaires, enfin par sa bienveillance constante à l'égard de tous ses collègues !

Aussi n'essaierai-je pas de peindre la tristesse qui nous a remplis, quand nous l'avons vu, au retour du Synode du Vigan, l'année dernière, frappé par la maladie. Avec quelle ardeur nous espérions qu'un repos prolongé rétablirait ses forces et nous rendrait notre doyen, sans lequel nous ne comprenions guère la Faculté de Montauban, tant il s'était consacré à elle et comme identifié avec elle ! Et quand il a fallu se rendre à l'évidence, quand, malgré les soins que pouvait inspirer la sollicitude filiale la plus tendre, la maladie, loin de céder, a paru peu à peu envahir tout l'organisme, je ne saurais dépeindre la douleur qui s'est emparée alors de nos cœurs, à tous.

Nous courbons la tête sous la main de Dieu, comme il nous engagerait lui-même à le faire. Avec ses fils, ses filles et son gendre, nous disons : « Que ta volonté soit faite, et non la nôtre ! » Quant à lui, il est parti, sachant en qui il avait cru. Quant à nous qui le pleurons, nous croyons aux desseins miséricordieux de notre Père céleste sur notre frère, sur notre Faculté, malgré les épreuves qu'elle traverse ; sur les maîtres qui souhaitent, retrempés dans cette épreuve, d'apporter à la défense de la vérité et à la préparation de nos futurs pasteurs une activité et une fidélité nouvelles ; sur nos étudiants qui sentent que, dans la sainte guerre où ils sont engagés, c'est aux soldats du second rang de prendre la place de ceux qui sont tombés au premier ; sur la famille affligée que tant d'amis entourent, dans ce moment, de toute leur sympathie chrétienne. « Sa miséricorde dure éternellement. » Oui, Dieu demeure quand nous passons, il brise les ouvriers, et il poursuit l'œuvre.

Coup sur coup, autour de nous tombent les forts de de notre protestantisme, Bersier, Jundt, Viguié, Sardinoux, Oltramare, Casalis, Pressensé, Reuss, et c'est aujourd'hui notre ami Bois qui nous quitte.

Nous allons laisser sa dépouille dans cette tranquille retraite qu'il a tant aimée, où il venait chaque année se reposer de ses fatigues, et qui sera pour les siens un permanent et doux emblème de l'éternel repos où il est entré l'avant-veille de l'Ascension. En haut les cœurs ! Ce serait bien mal honorer la mémoire de ce vaillant serviteur de Dieu que de nous laisser saisir par le découragement. « Plus que vainqueurs », disait-il à son fils, le jour de sa consécration,

Laissons-nous consoler, ou, mieux encore, fortifier par lui-même dans ce jour de deuil, en écoutant, comme si elles venaient du séjour de la paix et de la sainteté, ses propres paroles : « Vous savez bien que nous devons marcher par la foi et non par la vue. Je vous le dis avec saint Paul : « *Votre travail n'est pas vain devant le Seigneur.* » « Je vous le dis, semez avec larmes, mais semez avec foi ; vous récolterez avec chants de triomphe, si ce n'est ici-bas, là-haut. »

M. G. Benoit, président de l'Union des Etudiants, au nom de ses camarades, parle en ces termes:

MESSIEURS,

En apprenant le malheur qui les frappait, les étudiants de la Faculté de Montauban ont senti leur cœur se serrer douloureusement. Sans doute Dieu nous avait, pour ainsi dire, préparés à cette fin : à mesure que les mois s'écoulaient, sans ramener auprès de nous notre vénéré doyen, notre espoir diminuait peu à peu de le voir encore plein d'entrain et de vie dans cette Faculté dont il était l'âme ; du moins il vivait et cette pensée nous donnait quelque consolation.

Maintenant Dieu l'a rappelé à lui, et à la douleur de l'avoir perdu vient s'ajouter pour la plupart des étudiants une tristesse nouvelle, celle de n'avoir pu venir tous ensemble rendre les derniers devoirs à celui qu'ils pleurent ; mais tous tiennent à dire ici combien ils l'admiraient, combien ils l'aimaient.

Nous l'admirions, et certes qui n'eût pas été fier de pouvoir se dire l'élève d'un maître si brillant ? Sa parole vive et claire nous charmait ; sa pensée lucide, même dans les abstractions, nous éclairait ; son animation, sa chaleur nous gagnaient. S'élevant, sans effort, aux conceptions les plus grandes, les plus nobles, quand il abordait les problèmes difficiles de la morale et de la philosophie ; puis, plein de finesse et d'originalité, de sens et d'esprit dans les leçons où il étudiait pour ainsi dire familièrement avec nous les récits de l'Évangile, et nous donnait des conseils pratiques pour la prédication ; enfin éloquent, lorsque, passant en revue les institutions de l'Église réformée, il défendait devant nous la cause qu'il soutint avec tant d'ardeur, pour sa gloire et pour l'honneur du protestantisme évangélique ; alors son émotion se communiquait à nous ; nous étions saisis, entraînés...

Pourquoi faut-il qu'après avoir goûté l'attrait et compris la valeur de ces leçons, nous n'ayons pu, comme nos aînés plus heureux, en profiter plus longuement ! Hélas ! plus haut nous l'avions placé dans notre estime et dans notre admiration, plus grand est à l'heure présente notre regret de ne pouvoir plus désormais l'entendre et l'applaudir.

Nous l'admirions comme professeur, nous l'aimions comme homme. Cet amour, certes, ne nous était pas difficile, car il n'était qu'une réponse à l'affection qu'il témoignait à chacun de nous : toujours bienveillant et affable pour ceux qui allaient le visiter ; s'intéressant aux études de chacun et les dirigeant toutes avec sûreté, tant sa science était variée ; prêt sans cesse à conseiller ceux qui recouraient à lui dans les circonstances difficiles, délicates, et leur indiquant la conduite la plus prudente, la plus judicieuse. Et, dans tous ces rapports que nous étions heureux d'entretenir avec lui, il faisait preuve d'une telle délicatesse tout ensemble et d'un tel attachement pour nous, que notre cœur en était ému : nous éprouvions le sentiment, non pas de la surprise, mais d'un attrait singulièrement touchant, à voir sourire avec tant de bienveillance celui que nous savions si grand par son intelligence, si honoré, si noblement respecté pour son dévouement incessant à la cause de l'Évangile. Voilà pourquoi le deuil est entré aujourd'hui dans nos âmes, voilà pourquoi nous le pleurons.

Oui, il était véritablement le chef de notre famille montalbanaise ; le chef, car non seulement sa science et l'éclat que son enseignement jetait sur notre École, mais aussi son zèle, son habileté à défendre les intérêts de notre Faculté lui avaient valu une autorité incontestable ; surtout notre chef de famille, car ce titre nous rappelle ses tendres qualités de cœur dont chacun de ses élèves gardera à jamais un souvenir intime et personnel.

Pourquoi Dieu l'a-t-il arraché à cette activité qui était sa joie et qui faisait notre force ? Ici, permettez-moi de lui demander à lui-même une pensée consolante. Dans une de ses dernières leçons, parlant de ces morts que l'on trouve prématurées, et au sujet desquelles la volonté divine nous paraît si mystérieuse, si incompréhensible : « Pourquoi, nous disait-il, s'affliger ainsi ! Peut-être que ces hommes dont il nous semblait que l'ardeur, l'énergie auraient pu longtemps encore servir sur la terre la cause du bien et de la vérité, Dieu les a retirés à lui pour leur confier là-haut une œuvre plus grande, pour les mettre à la tête d'un champ de travail plus vaste où leur activité se déploiera sans obstacles. » C'est là, nous le croyons, la nouvelle récompense que Dieu lui réservait dans le séjour des bienheureux.

A M. G. Benoit succède M. Maury, pasteur à Nages, l'un des nouveaux professeurs stagiaires, qui vient, au nom de ses collègues, dire un dernier adieu à M. Bois :

Messieurs,

Je viens en mon nom et au nom de mes collègues, MM. Meyer, Bertrand et Westphal, professeurs stagiaires à la Faculté de Montauban, joindre notre hommage à ceux qui sont rendus à la mémoire de M. Bois. Ses collègues, ses élèves vous ont dit la perte qu'ils viennent de faire. Et nous, ses anciens élèves, que des circonstances nouvelles ont amenés à Montauban, quelle n'eût pas été notre joie d'être accueillis par lui! Qui mieux que nous a pu apprécier son enseignement si évangélique, sa parole si brillante, son esprit si vif et si pénétrant?...

La Faculté est en deuil, son deuil est le nôtre. Nous n'aurons pas le privilège de voir à Montauban M. le doyen Bois, de profiter de sa longue expérience et de ses directions, de renouer, dans des conditions nouvelles, d'anciennes et précieuses relations avec le maître écouté, qui fut l'un des plus éminents représentants de notre théologie française.

Jusqu'à ces derniers jours, nous avions conservé l'espérance que Dieu prolongerait sa vie; nous nous sommes associés de cœur aux angoisses et aux prières de ses enfants. Maintenant tout est fini pour la terre, l'heure des adieux est venue; nous pleurons avec ceux qui pleurent, demandant à Dieu de les consoler dans leur profonde douleur.

M. Poux, pasteur à Alais, prononce l'allocution suivante au nom des anciens élèves de M. Bois :

CHERS COLLÈGUES, CHERS FRÈRES,

Il y a cinq ans, en ce même endroit, je venais au nom de mes collègues, anciens élèves de la Faculté de Montauban, exprimer les profonds regrets que nous éprouvions devant une tombe prématurément ouverte, dire un dernier adieu sur cette terre à Mme Henriette Bois, née Gardies. Hélas! c'est pour m'acquitter du même devoir vis-à-vis de son mari, notre cher et honoré doyen, que je prends aujourd'hui la parole.

Quel vide immense va faire son départ dans l'Église réformée de France et dans la Faculté qu'il présidait! Ceux-là surtout qui ont eu le privilège de vivre dans l'intimité de cette belle âme peuvent s'en rendre compte.

Pendant son décanat, qui a commencé en 1875, il a vu toutes sortes d'obstacles se dresser sur sa route : avec l'aide de Dieu, il a triomphé de tous. En quelques années, trois de ses collègues éminents et appréciés à des titres divers lui sont ravis par la mort ou par la mise à la retraite; puis c'est la suppression par la Chambre des crédits afférents aux bourses des séminaires;.... enfin, c'est l'existence même des Facultés de théologie qui est mise en question.

D'autres auraient pu se laisser abattre par toutes ces difficultés ; lui, comme un vaillant capitaine, il est toujours sur la brèche. Tantôt il va parlementer avec les ministres, qui sont étonnés de l'étendue de son savoir et de sa compétence dans toutes les questions universitaires; tantôt il relève le moral des étudiants en attirant à Montauban, pour des prédications et des conférences, les sommités de notre monde protestant; tantôt il s'adresse aux Églises, à nos Synodes, et, grâce à la confiance qu'il leur inspire, il provoque dans leur sein des élans de générosité auxquels personne n'aurait osé s'attendre.

En 1885, aussitôt après la suppression des bourses, des souscriptions sont ouvertes dans nos journaux religieux : l'État nous donnait 10,000 francs, l'Église en souscrit 35,000, comme réponse aux appels de M. Bois, au nom de la Faculté.

Et ne croyez pas que le décanat absorbât ses instants. Chez M. Bois, l'administrateur habile était doublé d'un éminent professeur. Il entendait chuchoter parfois dans certains milieux peu bienveillants : on accusait la Faculté de Montauban d'être une serre chaude, où l'on formait des pasteurs bien pensant plutôt que des théologiens indépendants. Jamais reproche ne lui fut plus sensible, il faut dire qu'il n'avait rien fait pour le mériter. Ferme et inébranlable dans sa foi aux grands faits qui sont la base même du Christianisme, vous savez avec quelle liberté et quelle perspicacité il s'attaquait aux systèmes humains, aux spéculations des théologiens, pour en montrer le fort et le faible. Pour tous ses anciens élèves de Montauban, il est et restera toujours l'homme de la conscience morale, l'un des professeurs qui ont le plus travaillé à montrer la divine harmonie qui existe entre les enseignements de l'Évangile et les sublimes inspirations de l'âme humaine. Ces idées et ces théories, il les exposait dans ses écrits, il les développait dans ses cours, il les défendait dans des réunions particulières ou dans des discussions publiques, avec une verve et un éclat qui provoquaient des applaudissements. Collègues qui m'écoutez, n'avez-vous pas regretté parfois dans vos Églises, ces temps heureux, ces heures passées jadis autour de sa chaire ? N'est-ce pas à lui que vous devez le meilleur de vos pensées et de vos connaissances ? ne vous sentez-vous pas honorés de pouvoir vous dire les disciples d'un tel Maître ?

J'ai vanté le décanat et le professorat de M. Bois, je serais incomplet et injuste si je n'insistais pas sur le côté plus purement religieux de son œuvre. S'il chercha toujours à éclairer les intelligences, son but était avant tout de former pour l'Église de bons et fidèles pasteurs. Il estimait avec raison que la science et la piété sont deux qualités qui ne s'excluent pas. Sa grande préoccupation, quand il voyait un nouvel étudiant arriver dans son cabinet, était de découvrir le sérieux de sa vocation. Que de fois ne m'a-t-il pas dit dans l'intimité : « Un tel est une bonne recrue, il est sincèrement pieux ; j'ai vite deviné en causant avec lui qu'il sort d'une Église où il y a de la vie religieuse ; le réveil a touché cette âme. » — La vie religieuse, le réveil, la conversion, il ne craignait pas de prononcer ces mots. Il avait eu le privilège d'exercer le ministère dans des Églises vivantes, il avait passé les plus belles années de sa jeunesse à Montmeyran, il se ressentit toujours de ces influences. Parlait-on dans le monde des Étudiants d'évangélisation, de réunions de prières, de réunions de réveil, toujours il se montrait disposé à encourager ces mouvements. Au reste, il prêchait d'exemple. Souvenez-vous avec quelle assiduité il assistait aux réunions de prières de la première semaine de janvier ; avec quel feu, il nous lisait dans son salon des pages entières de Moody ou de Finney, les célèbres évangélistes américains ! Souvenez-vous de ces cultes intimes qu'il présidait le soir, avant de se séparer, quand on avait été réuni chez lui ! Quelle vie intérieure ! Fidèles qui m'écoutez, sachez que si la Gardonnenque depuis quelques années a le bonheur de se voir évangélisée par de jeunes pasteurs pieux et dévoués, sachez que si le désert en fleurit, c'est en grande partie à M. Bois que vous le devez.

Or, Messieurs, cette influence bénie que M. Bois exerçait sur chacun de nous à Montauban, se prolongeait après la sortie de la Faculté. Vous savez avec quel amour il suivait vos premiers pas dans la carrière ; comme jadis pour l'apôtre Jean, son plus grand bonheur était d'apprendre que ses enfants marchaient dans la Vérité, que ses anciens élèves convertissaient des âmes et réveillaient les Églises. Quel doux privilège pour nous de pouvoir le consulter dans les moments difficiles ! — On correspondait avec lui, et on était toujours sûr de recevoir des paroles de sympathie et de bons conseils. On venait le trouver pendant ses vacances à Saint-Bénézet, et on était touché de l'accueil cordial qu'il vous réservait. « Les visites que nous apprécions le plus, disait-il souvent, sont celles de nos anciens étudiants. » Pour lui, nous étions une seconde famille. Enfin, vous savez quelle joie nous éprouvions tous, quand nous le voyions apparaître dans l'une de nos assemblées religieuses : Union pastorale, Conférences ou Synodes ! Pendant la séance, il était la lumière qui élucidait tous les points obscurs, les questions difficiles à résoudre ; — aux heures de délassement, aux repas fraternels, il était la chaleur qui réchauffe tous les cœurs ; partout il était la flamme qui apportait ce quelque chose d'indéfinissable qu'on appelle la vie.

Nous avions espéré jouir longtemps du privilège de le posséder ; dans nos rêves égoïstes, nous, pasteurs de la Gardonenque, nous le voyions déjà installé avec Mme Bois dans son château, poursuivant dans la retraite une vie de méditation, de travail intellectuel et de prière . . . . Nous comptions venir le surprendre souvent dans cette moderne Wartbourg et puiser à pleines mains dans ce trésor d'érudition et d'expérience chrétienne . . . Hélas! tous ces rêves se sont évanouis en quelques instants. Dieu en avait jugé autrement. Le 6 avril 1886, Mme Bois tombait comme foudroyée, sans avoir pu dire aux siens un dernier adieu. Après avoir porté cinq ans au cœur cette blessure toujours saignante, celui dont elle était la noble compagne a succombé à son tour. Il a été frappé les armes à la main, au Synode du Vigan. Après une agonie qui s'est prolongée pendant dix mois, il s'est endormi dans la paix et dans la foi en Jésus-Christ, son Sauveur, mort pour nos offenses et ressuscité pour notre justification.

Et nous, mes amis, après lui avoir dit adieu de ce côté du voile, qu'allons-nous faire? Souvenez-vous de ce que firent dans un jour comme celui-ci les disciples d'un Maître, que nous n'osons pas comparer à M. Bois, les disciples de Jésus-Christ? Quand ils l'eurent vu disparaître dans la gloire, sur la montagne des Oliviers, ils revinrent à Jérusalem. Là ils persévéraient dans la communion fraternelle, dans la fraction du pain et dans les prières. Là, ils attendirent l'effusion du Saint-Esprit qui descendit sur eux et transforma leurs vies, et de là ils se répandirent dans le monde pour proclamer la bonne nouvelle du salut.

Disciples de M. Bois, nous nous sentons amoindris aujourd'hui par le départ d'un tel maître; cependant ne nous désolons pas, puisque Jésus-Christ, le chef de l'Église, nous reste. Serrons nos rangs autour de ce divin chef : oublions toutes nos querelles de mots, cherchons ce qui nous unit plutôt que ce qui nous divise; souvenons-nous que le monde se perd et qu'il a besoin d'un Sauveur ; prêchons-lui ce Sauveur ; ne désirons savoir autre chose que Jésus-Christ et Jésus-Christ crucifié, ce sera la meilleure manière d'honorer la mémoire de notre vénéré doyen.

Et toi, mon meilleur ami, toi qu'il a enfanté à la vie physique et à la vie morale; toi qui es doublement le fils de ton père; toi qui as la belle et redoutable mission de faire respecter au sein de notre Église ce nom, désormais illustre, de conserver cet héritage de science et de piété qui t'est transmis aujourd'hui, souviens-toi des exhortations que t'adressait ton père, dans cette même paroisse, il y a cinq ans, le jour de ta consécration. Combats avec le même zèle, avec la même ardeur que ton père, le bon combat de la foi; et tu expérimenteras que sur cette terre, « en toutes choses, nous sommes plus que vainqueurs par Celui qui nous a aimés ! » Et un jour, dans le ciel avec ce père et cette mère bien-aimés, que nous pleurons tous avec toi, tu recevras cette couronne incorruptible de gloire et de justice, récompense suprême des élus.

M. le pasteur Ganjoux (de Quissac) prend ensuite la parole au nom de l'Union pastorale des Cévennes, dont il est le secrétaire :

Mes frères,

Parmi toutes les couronnes déposées sur ce cercueil et qui disent à leur manière la tristesse, l'angoisse et les regrets provoqués par la mort de M. Bois, il est une couronne envoyée par l'Union pastorale des Cévennes, et j'ai le devoir, le douloureux privilège d'apporter ici en peu de mots l'expression bien vraie de notre respectueuse sympathie, de notre reconnaissance, de notre impérissable attachement.

Le deuil qui nous rassemble aujourd'hui n'est pas seulement le deuil d'une famille vénérée, c'est encore le deuil de l'Église entière, le deuil surtout de ceux qui ont eu l'honneur de bien connaître l'homme éminent dont l'absence laissera un vide immense dans notre protestantisme français. Oui, nous trouvons heureux ceux qui ont connu M. Charles Bois, combien plus heureux ceux qu'il a aimés !

Nous garderons le fidèle souvenir des qualités si rares du vaillant pasteur et professeur qui vient de nous quitter. Une âme si riche, une conscience si délicate et si droite, une piété si vivante et si éclairée, tant d'élévation dans les sentiments et dans l'esprit ont laissé autour de nous et en nous-mêmes une empreinte dont il serait difficile de mesurer la profondeur.

L'Union pastorale des Cévennes a eu plus d'une fois l'avantage d'écouter M. le doyen Bois. L'an dernier encore, le 8 avril, nous étions réunis chez lui (ou presque chez lui), à Bagard, et là, comme dans toute séance où il se trouvait, on admira la netteté de son jugement le charme de son caractère, la vigueur de sa foi chrétienne. On peut dire sans exagération que par sa parole ou par ses écrits, par son enseignement ou par ses causeries, il a exercé une influence considérable et bénie, une influence décisive sur la pensée et les convictions religieuses d'une foule de pasteurs et de laïques zélés. Mes collègues de l'Union des Cévennes se rappellent qu'ils ont librement accepté cette influence, qu'elle leur a fait du bien, qu'elle leur a prêché le désintéressement et le courage en face toutes les difficultés de leur ministère. La reconnaissance ne pèse qu'aux ingrats, et, grâces à Dieu, nous ne sommes pas des ingrats.

Nous pleurons bien sincèrement M. Charles Bois, mais il s'est endormi plein de confiance dans les vérités célestes, et nous comprenons qu'il est plus heureux désormais, car il avait choisi la bonne part qui n'a jamais trompé personne.

Laissez-moi donc vous le dire en toute simplicité dans cette cérémonie funèbre : Pour honorer la mémoire du vénéré doyen, nous promettons de nous attacher toujours plus à l'Évangile éternel du Christ, de prêcher la vérité avec charité, de travailler enfin dans la paix aux progrès de notre chère Église et à l'avancement du règne de Dieu sur la terre.

Au milieu de nos tristesses et de nos épreuves, nous avons le secours de cette immortelle espérance que, malgré nos défaillances, nos infirmités, notre misère, nous serons heureux à notre tour quand viendra notre heure suprême, heureux si nous avons saisi dans nos cœurs l'invisible regard et l'ineffable *Cela va bien* du Sauveur et du Père !

M. le pasteur Babut, président de la Commission synodale du corps pastoral, monte le dernier dans la chaire :

Mes frères,

La mort de nos proches nous surprend toujours, alors même que nous avons pu et dû l'attendre. C'est sans doute en partie pour ce motif que la Commission permanente du Synode général n'a pas été informée du deuil qui vient de frapper nos Églises assez tôt pour pouvoir se faire représenter à cette cérémonie funèbre, comme elle aurait sans doute aimé à le faire. Je n'ai pas qualité pour parler au nom de la Commission permanente actuelle; mais je suis sûr d'être dans le vrai en exprimant ses regrets et en rendant de sa part un hommage affectueux et reconnaissant à la mémoire de M. Bois.

La Commission du corps pastoral avait fréquemment à correspondre avec le doyen de la Faculté et de collaborer avec lui pour le service de nos Églises. Je puis, en qualité de président de cette Commission, confirmer ce qui a été déjà dit par un des orateurs qui m'a précédé, à savoir que, si beaucoup de nos postes pastoraux, jadis vacants, sont aujourd'hui remplis et bien remplis. C'est en bonne partie à M. Bois que nous le devons. C'est à M. Bois qu'appartient l'idée première de ces *suffragances d'été* qui, depuis quelques années, permettent aux Églises et à leurs futurs conducteurs de faire mutuellement connaissance, et préparent ainsi de bonnes nominations.

Au reste, je cherche en vain un mouvement important, un progrès considérable qui se soit accompli dans nos Églises depuis vingt années et auquel M. Bois n'ait pas, je ne dis pas seulement participé, mais présidé.

En 1871, au lendemain de nos désastres, une même pensée remplissait parmi nous tous les cœurs; un devoir s'imposait à toutes les consciences : celui de travailler au relèvement de la France en lui apportant l'Évangile. Et j'ajoute qu'il parut alors évident à tous que cette grande tâche ne pouvait être accomplie que par la levée en masse de tous les chrétiens évangéliques, par l'emploi fidèle de tous les dons que le Seigneur avait départis à ses serviteurs et à ses servantes. Qui fut, aux mémorables conférences de Nîmes en 1871, le porte-drapeau de cette idée? Qui prit la part la plus considérable dans la fondation de la Société de mission intérieure évangélique et dans la rédaction de ses statuts? M. le professeur Ch. Bois.

L'année suivante fut celle du XXXe Synode, le Synode officiel de Paris. La part qu'y prit M. Bois appartient à l'histoire; chacun sait qu'il fut le rédacteur et le principal défenseur de notre déclaration de foi! Je puis en parler pertinemment, ayant eu l'honneur de siéger à cette assemblée, justement à côté de lui.

Pour les causes que l'on sait, aucun Synode officiel ne fut convoqué après celui de 1872-1873. Après une longue et inutile attente, le moment vint où l'idée de convoquer, sans l'intervention du gouvernement, des Synodes officieux ou libres, s'empara des esprits. Qui fut le principal initiateur de cette idée? Ce fut encore M. le professeur Bois; les vigoureux articles qu'il publia dans le journal *l'Église libre* donnèrent le branle décisif.

M. Bois a siégé dans chacun de nos Synodes généraux officieux, à l'exception du premier, celui de Paris en 1879, et il y a exercé une grande influence : il a été modérateur de celui de Saint-Quentin, et il prenait part aux travaux du Synode du Vigan, quand il ressentit les premières atteintes du mal qui devait nous le ravir.

Depuis quelques années, un devoir s'est imposé avec une force nouvelle à la conscience de beaucoup de pasteurs, celui de se préoccuper davantage des applications sociales du christianisme, de s'intéresser plus activement au relèvement des classes souffrantes. Eh bien ! dans ce domaine encore, M. Bois a frayé la voie. Je me souviens d'avoir entendu de lui à Nimes, peu de temps après la guerre, une éloquente conférence, où il traitait des questions sociales et des moyens de les résoudre et recommandait avec insistance la participation des ouvriers aux bénéfices *(De la question sociale)*.

Que l'exemple de cette vie si bien remplie, de cette ardente activité, de ces initiatives fécondes ne soit pas perdu pour nous. M. Bois avait reçu cinq talents et les a bien employés ; si nous n'en avons reçu qu'un, ce n'est pas une raison pour l'enfouir. Par les coups qu'Il frappe et qu'Il multiplie autour de nous, Dieu prend soin de nous rappeler que le jour approche où une seule chose nous importera, d'avoir connu, aimé, servi Jésus-Christ.

M. Babut termine le service funèbre par une fervente prière.

II. — A MONTAUBAN

Le 7 mai, M. le pasteur Benoit, qui occupait la chaire au Temple de la Faculté, consacra sa prédication à la mémoire de M. Ch. Bois. L'après-midi, à l'heure même où les derniers devoirs étaient rendus à M. Bois, quelques amis assistaient à Montauban, chez Mme H. Bois, à une réunion présidée par M. Benoit, tandis que les professeurs et les étudiants qui n'avaient pu se rendre aux obsèques prenaient part à un culte bien touchant présidé dans la salle du conseil de la Faculté par M. le pasteur Arbousse-Bastide, ami intime de M. Bois.

PRÉDICATION DE M. BENOIT

> Je monte vers mon Père et votre Père, vers mon Dieu et votre Dieu (Jean, xx, 17).

Mes frères,

Cette parole qui respire une joie triomphante, cette parole de Jésus vainqueur de la mort qui voit déjà s'ouvrir, pour le recevoir, les demeures éternelles, me paraît bien propre à servir de texte à notre méditation de ce jour. La résurrection de Jésus, en effet, lui apparaît comme le premier degré de cette ascension qui lui permettra de réaliser les grandes promesses qu'il a faites à ses disciples. Il ne monte pas seulement dans le ciel pour s'asseoir à la droite de son Père et pour jouir de la gloire qu'il possédait avant que le monde fût. Il monte au ciel pour envoyer à ses disciples le Saint-Esprit qui les conduira dans toute la vérité, pour se faire leur avocat auprès de Dieu et pour intercéder en leur faveur, pour leur préparer une place, afin qu'ils soient un jour avec Lui. Aussi ce n'est pas un *adieu* qu'il leur adresse, c'est un *au revoir*. Je monte vers *mon Père*. Ce mot si doux à prononcer caractérise bien l'intimité filiale qui l'unit à Celui dont il a pu dire : *Moi et le Père, nous sommes un*. Je monte vers *mon Dieu*. Ce mot indique à son tour la dépendance complète dans laquelle il se trouve en présence de Celui dont il disait, aux jours de sa chair : *Ma nourriture est de faire la volonté de Celui qui m'a envoyé et d'accomplir son œuvre*. Ce que Dieu est pour lui, il le sera, il l'est déjà pour ses disciples ; et c'est pour qu'il le soit de plus en plus qu'Il monte au ciel pour resserrer les liens qui les unissent à Dieu.

Cette parole d'espérance, cette parole qui respire une si calme, une si sereine certitude, n'est-il pas vrai qu'elle déchire en partie le voile qui nous cache les réalités du monde invisible, que nous sentons le ciel plus près de nous et plus accessible, depuis que Jésus l'a prononcée ? Aussi vient-elle naturellement sur les lèvres du chrétien mourant. C'est elle que Félix Neff adressait de Genève à ses enfants du spirituel Dauphiné : « Je monte vers notre Père, en pleine paix. Victoire ! Victoire ! Victoire par Jésus-Christ ! » Et c'est cette parole qui s'est présentée d'elle-même à mon esprit, comme sujet de notre méditation de ce jour, quand j'ai appris, avant-hier, la mort du cher et vénéré doyen de la Faculté.

Au moment où j'ouvre la bouche pour prononcer le nom de M. Bois, il me semble que l'humilité de notre frère va m'arrêter. Cet homme si remarquable aimait si peu qu'on parlât de lui ! Mais ce n'est pas pour glorifier le serviteur, mais le Maître, qui l'avait orné de si beaux dons, que je viens vous entretenir de celui que nous pleurons ; c'est pour vous encourager à marcher sur ses traces, à aimer comme lui notre Père, à servir comme lui notre Dieu.

M. Bois, qui vient de s'endormir dans les bras du Seigneur à Montpellier, mardi dernier 5 du courant, après une douloureuse maladie, chrétiennement supportée, n'était âgé que de soixante-quatre ans. Il était né à Die, petite sous-préfecture de la Drôme, célèbre autrefois par son Académie, le 26 août 1826. Après de brillantes études au collège de Genève, il était entré à le Faculté de théologie de cette ville, où il avait montré, dès la première heure, des aptitudes remarquables et fait pressentir par son application au travail, par la vivacité de son intelligence et l'étendue de sa mémoire, ce qu'il serait un jour.

Après une courte suffragance d'un an au Vigan, M. Bois fut nommé pasteur, en 1850, de l'Église réformée de Montmeyran. Cette paroisse, que Dieu avait favorisée, quelques années auparavant, d'un beau réveil, dû en partie à l'activité infatigable de deux agents de la Société évangélique de Genève, traversait une crise sérieuse. Des menaces de schisme étaient dans l'air. Le jeune pasteur, unissant une grande prudence à un grand zèle, conjura le péril. Il fit adopter pour la Cène un règlement disciplinaire qui, écartant de la table sainte les pécheurs notoires, permit à ceux qu'attiraient les principes séparatistes de rester dans l'Eglise établie. Ils devinrent bientôt ses meilleurs collaborateurs. Le pasteur, secondé par des anciens dévoués, vit la moisson suivre de près les semailles. C'est alors qu'éclata ce beau réveil de la Drôme dont Montmeyran fut le centre et M. Bois l'un des principaux instruments. La conversion et le salut des âmes étaient à l'ordre du jour. Des réunions religieuses se formaient partout. Les temples se remplissaient de foules avides, qui n'étaient jamais rassasiées du pain de vie. Des assemblées d'alliance évangélique attiraient dans le temple de Montmeyran des frères du dehors, comme Charles Cook, César Malan, Bertholet-Bridel, et tel jeune homme se convertissait dans ces réunions qui est devenu depuis un instrument béni pour la conversion d'un grand nombre d'âmes. Les différentes paroisses avaient des rendez-vous communs pour la prière et l'adoration. Les serviteurs de Dieu qui travaillaient avec zèle et succès à l'évangélisation étaient liés par une étroite affection. C'étaient Cassignard de Beaufort, Bérard de Beaumont, Ducros de Loriol, qui fut plus tard pasteur à Paris, le seul qui survive des quatre amis. Mais l'orateur le plus goûté était encore M. Bois. L'étendue et la sûreté de ses connaissances bibliques, la pondération de son jugement, la trame à la fois serrée et transparente de son discours, la chaleur de son exposition, la vivacité de son débit et, par-dessus tout, la profondeur du sentiment religieux, faisaient de lui, quand sa voix avait encore la force et la sonorité qu'elle perdit plus tard, l'un des prédicateurs les plus remarquables de notre protestantisme évangélique.

Car son enseignement était puisé aux sources vives de l'Écriture. C'est dans la fréquentation assidue de la Bible, dans le commerce des chrétiens humbles et fervents de son troupeau, dans la pratique du ministère que ses convictions évangéliques s'étaient affermies. Il avait dû compléter, sinon oublier, plus d'un enseignement reçu sur les bancs de la Faculté. C'est auprès des mourants, dont la foi transformait les lits de souffrance en chariots d'Élie et qui montaient au ciel en pleine paix, en se réclamant uniquement du sacrifice expiatoire du Calvaire qu'il avait revisé son cours de dogmatique sur la doctrine capitale de la rédemption. C'est alors que M. Bérard fonda le journal *la Vie chrétienne*. M. Bois l'enrichit de nombreuses études bibliques, en particulier sur la conversion et la sanctification. Il devint aussi, à cette époque, l'actif et dévoué secrétaire de la mission intérieure de la Drôme et de l'Ardèche.

Cette activité pastorale de M. Bois dura sept ans. Ce furent, comme il aimait à le répéter, les plus belles années de sa vie. Sans doute, cet homme distingué, qui se faisait remarquer par un rare assemblage de qualités éminentes, que Dieu avait doué pour l'enseignement de la théologie ou pour la conduite des affaires ecclésiastiques, aussi bien que pour la direction d'une église, ne pouvait rester longtemps dans une paroisse de campagne. Mais, s'il devait exercer plus tard son activité sur un plus vaste théâtre, il reportait toujours avec émotion sa pensée sur les premières années de son ministère. Il aimait à se retrouver parmi ses amis de Montmeyran. Il leur écrivit une lettre touchante en 1874, quand le souffle du réveil visita de nouveau ces contrées, et nulle part sa mort ne sera pleurée comme dans cette église. Oui, mes bien-aimés frères, celui que pleure l'Église tout entière était un homme de réveil. Personne plus que lui n'aurait souhaité de voir se produire au milieu de nous, ce qu'il avait vu se produire dans la Drôme, ce que l'Esprit de Dieu accomplit à cette heure dans le Tarn. Il croyait qu'une âme vaut plus qu'un monde, et que le vieil Évangile de la croix est la puissance de Dieu pour le salut de ceux qui croient. — Puissions-nous le comprendre comme lui!

Cependant, les églises appréciaient de plus en plus M. Bois. Il était connu non seulement comme un pasteur fidèle et comme un prédicateur éloquent, mais encore tel rapport sur le péché, lu dans une conférence pastorale et inséré dans la *Revue* de Strasbourg, l'avait révélé comme un théologien distingué. Aussi lorsque, en 1860, une chaire devint vacante à la Faculté de Montauban, par la mort prématurée du regretté Ernest Bonifas, les regards des Consistoires évangéliques se portèrent sur lui. M. Bois, qui était depuis trois ans pasteur d'Alais, fut nommé professeur d'hébreu à Montauban. Son élection fut l'occasion d'une discussion brillante entre le nouveau professeur et son ancien condisciple, M. Albert Réville, sur le *surnaturel*. M. Bois, revendiqua pour Dieu la liberté d'intervenir, pour sa gloire et pour le salut des pécheurs, dans le monde qu'Il a créé, et il le fit avec une si grande force de conviction et de logique que cette polémique fonda sa réputation. Ses premiers élèves se rappellent encore l'impression que fit sur eux une série de conférences, réunies en un beau volume *Évangile et Liberté*, qui sont comme l'application à tous les domaines de la pensée et de la vie pratique, de cette grande parole de Jésus : *Si le Fils vous affranchit, vous serez véritablement libres*.

Mais ses aptitudes le portaient plutôt vers l'enseignement de la théologie et de la morale. En 1873, il échangea la chaire d'hébreu contre celle de morale et d'éloquence sacrée, qui répondait si bien à ses aptitudes. Deux ans après, il était nommé doyen, et dès lors il fournit, comme professeur et comme administrateur, une belle carrière qui devait se prolonger quinze ans.

Ce n'est pas ici le lieu de dire ce que M. Bois fut comme professeur et comme doyen, de parler de cette connaissance approfondie des textes, de cette lucidité merveilleuse de l'exposition, de cette hauteur de vues et de cette profondeur du sentiment religieux qui caractérisaient son enseignement. Il s'appuyait sur le terrain solide de la révélation chrétienne. C'était un enseignement affirmatif dans le meilleur sens du mot. M. Bois montrait dans le sentiment de l'obligation, dans le devoir, la règle de la morale. Toute sa théologie était fondée sur la conscience, et il a fait toute sa vie œuvre de liberté. Rien de plus significatif à cet égard que ses articles périodiques de la *Revue théologique* de Montauban, dans lesquels il suivait, avec une compétence rare et parfois tant d'appréhension, le mouvement philosophique de notre époque. Les étudiants n'avaient pas de guide plus sûr ni plus sympathique pour les diriger, le flambeau de l'Évangile à la main, dans le dédale obscur de la pensée contemporaine.

Or cet homme d'étude et de discussion était admirablement qualifié pour le gouvernement ecclésiastique. On se rappelle la part prépondérante qu'il prit aux délibérations du Synode général de 1872, et ses efforts, couronnés de succès, pour obtenir qu'en présence du catholicisme et de la libre-pensée, l'Église réformée de France affirmât ses convictions et déployât son drapeau. Il contribua aussi, pour sa grande part, de concert avec un éminent collègue, à l'organisation des Synodes officieux et il eut l'honneur de présider celui de St-Quentin.

Mais j'ai hâte, mes frères, de vous rappeler ce que fut M. Bois pour notre Église évangélique. Il prit une part efficace à sa fondation, dans des circonstances que je n'ai pas à rappeler. Il était heureux, en sa qualité de doyen, de lui offrir un asile dans le temple de la Faculté. Il s'intéressait vivement à sa prospérité et comprenait l'indispensable nécessité d'une prédication régulière de l'Évangile au milieu de nous. D'ailleurs, son activité pratique se faisait sentir partout. Le pasteur de Montmeyran et d'Alais se retrouvait toujours chez le doyen. Que n'a-t-il pas été en particulier pour notre Orphelinat de jeunes filles ! Avec quel soin il présidait les séances du comité, il correspondait avec leurs protecteurs, il s'intéressait à leurs progrès spirituels et se préoccupaitde leur avenir !

Hélas ! tant de dons éminents, tant de facultés remarquables ne trouveront plus leur emploi ici-bas en faveur du règne de Dieu ! M. Bois assistait, au mois de juillet dernier, au Synode général du Vigan, lorsqu'il fut frappé du mal qui vient de l'emporter. Il a glorifié le Seigneur jusqu'à la fin par sa patience et sa sérénité et il est allé se reposer de ses travaux auprès de Dieu en disant, lui aussi, par son regard, à défaut de sa voix paralysée : *Je monte vers mon Père et votre Père, vers mon Dieu et votre Dieu.*

Recueillons, mes frères, cette parole. Qu'ils sont nombreux, ceux qui nous l'ont adressée ces derniers temps ! Après M. Bersier, M. Casalis ; après M. Casalis, M. de Pressensé ; après M. de Pressensé, M. Bois ! Ah ! que de vides depuis quelque temps dans nos Églises et tout particulièrement dans notre Église évangélique de Montauban ! Rappelons, en ce jour de l'Ascension, qui est la vraie fête des morts, rappelons pour notre encouragement et notre édification le souvenir et le nom de ceux qui nous ont précédés dans une patrie meilleure : Mlle Laforgue, d'une piété si humble et si vivante, et son vénéré père, M. Laforgue-Raffine ; leur parent M. Laforgue, un chrétien de la vieille roche, un converti d'Adolphe Monod ; Mme Sirac, l'âme de l'Orphelinat et de la Maison de santé, cette chrétienne d'élite, qui a passé sur la terre en faisant si peu de bruit et tant de bien ; Mlle Bonnaffé, ces deux sœurs qui semblaient toujours comploter dans l'ombre, pour accomplir quelque œuvre de charité ; le jeune pasteur Irénée Cochet, qui s'était consacré avec tant d'ardeur au service de cette Église ; M. Schlœsing, ce Nathanaël sans fraude, ce chrétien humble et fervent, l'enfant spirituel de M. Hœrter, le pasteur dévoué de Strasbourg ; son ami, j'ai presque dit son fils, François Bonifas, ravi si jeune à la science théologique, qu'il cultivait avec tant de distinction, qui disait sur son lit de mort : « J'aurais tant voulu revoir les étudiants et glorifier mon Maître une fois encore ; je leur aurais dit qu'avec Jésus on peut s'en aller avec joie... avec joie » ; M. André Albrespy, qui faisait servir sa plume à la défense de la liberté morale, fondée sur l'Évangile ; Mme Bois, la digne compagne du doyen que nous pleurons aujourd'hui et dont le départ ravive, en les aggravant, nos anciennes douleurs. J'en oublie et d'excellents. Ils nous ont quittés dans la paix, mais ils nous parlent encore par leur foi. Ils nous disent : « *Travaillez pendant qu'il est jour, car la nuit vient dans laquelle personne ne peut rien faire.* » La dernière fois que M. Bois a pris la parole en public, ce fut l'année dernière, à l'assemblée générale de l'Orphelinat, sur laquelle son départ va jeter cette année un voile de deuil. M. Bois la présidait, et, en parlant du vénéré M. Sardinoux qui l'avait précédé dans le décanat et dans la présidence du comité et qu'il devait suivre de si près dans la tombe : « Dieu, disait-il, change ses ouvriers et continue son œuvre. Pour nous, qui sommes encore au travail, en attendant le jour où il nous faudra, à notre tour, céder la place à d'autres serviteurs, efforçons-nous, de plus en plus, de marcher sur les traces de nos fidèles devanciers.... Que Dieu continue à réparer nos pertes, à diriger nos pas, à fortifier notre faiblesse! Que la grâce de l'Éternel, notre Dieu, soit sur nous! Affermis l'œuvre de nos mains, oui, affermis l'œuvre de nos mains! » Hélas! c'est à son occasion qu'il nous faut répéter aujourd'hui la même prière!

Oui, Seigneur, fais-nous la grâce de relever le manteau de ces Élies! Fais-nous la grâce, en présence de ces grands deuils, de prendre des résolutions viriles! Un de tes serviteurs mourants s'écriait récemment : «Oh! si tu ouvrais les cieux et si tu descendais! » Ouvre les cieux et descends! Baptise-nous de feu! Ne permets pas que si les morts sont vivants, les vivants restent morts plus longtemps! Vivifie-nous, par ton Saint-Esprit afin que nous puissions, nous aussi, accomplir l'œuvre que tu nous as donnée à faire.

<pre>
Puisse la même foi qui consola leur vie,
Nous ouvrir les sentiers que leurs pas ont pressés ;
Et, dirigeant nos pieds vers la sainte Patrie,
Où leur bonheur s'accroît de leur travaux passés,
Nous rendre ces objets de tendresse et d'envie
Qui ne sont pas perdus, mais nous ont devancés.
                                    Amen.
</pre>

ALLOCUTION DE M. ARBOUSSE-BASTIDE

> « Parce que je vous ai dit ces choses, la
> tristesse a rempli votre cœur. Cependant,
> je vous dis la vérité; il vous est avanta-
> geux que je m'en aille, parce que, si je
> ne m'en vais pas, le Consolateur ne
> viendra point à vous; mais si je m'en
> vais, je vous l'enverrai. »

Honorés et chers Frères et Amis,

Je sais à quoi je dois le douloureux honneur que vous me faites de présider cette solennité funèbre ; et si, après avoir refusé deux fois de crainte que l'émotion ne me coupât la parole, j'ai accepté à la troisième, c'est parce que le nom de mon amitié a été invoqué et que je n'ai jamais rien su refuser à ce nom-là. Priez Dieu qu'il me soutienne !

Il m'a semblé que les saintes paroles que je viens de vous relire convenaient doublement à ce jour qui est un jour d'ascension et qui est aussi le jour de la sépulture de notre cher ami, votre doyen. Cette sépulture est aussi une ascension. La même tristesse qui avait rempli le cœur des apôtres en entendant parler Jésus de son départ, a rempli aussi le nôtre à propos de notre ami qui est parti. Nous aussi, n'est-ce pas, nous avons nos âmes toutes troublées, et il est bon que le Seigneur nous fasse entendre les mêmes bonnes paroles de consolation. Ecoutez-les encore, ces paroles : « Il vous est avantageux que je m'en aille...... » Consolation étrange et paradoxale! Mais non. Cela n'est pas possible. Il y a malentendu. Il me semble que les apôtres intérieurement ont protesté ou pensé tout au moins que le Seigneur n'avait pas dit ce qu'il voulait dire. Si, retenus par le respect, ils n'ont pas fait d'observation, ils ont dû lui dire, dans leur pensée : Mais, Seigneur, cela n'est pas possible! Et tu ne peux pas avoir voulu nous dire cela. Qu'il te soit avantageux, à toi, de t'en aller auprès de ton Père, à la bonne heure, nous le comprenons ; mais que ce départ nous soit avantageux, à nous! C'est tout le contraire. N'est-il pas écrit : Je frapperai le berger, et les brebis seront dispersées. Quand un général, en qui on a confiance et qui porte dans sa tête le plan de la campagne, tombe en pleine bataille, la débandade se met ordinairement dans l'armée. Tu es, toi, notre Berger, notre conducteur, notre lumière, notre force, notre vie, notre tout. Si tu nous quittes, qu'allons-nous devenir sans toi! »

C'est à peu près ainsi, nous semble-t-il, que les apôtres devaient protester en eux-mêmes contre la parole étrange de leur maître.

Et cependant il a bien dit ce qu'il a voulu dire. Il n'a pas fait de *lapsus*, si vous me permettez cette expression. Il a bien voulu dire non pas : Il m'est avantageux de m'en aller, mais il *vous* est avantageux que je m'en aille.

Aussi bien, il leur explique pourquoi :

« Si je ne m'en vais, le Consolateur ne viendra point à vous ; mais si je m'en vais, je vous l'enverrai. »

Il me semble encore ici que cette explication, pour le moment du moins, ne dut pas satisfaire pleinement l'esprit des apôtres. En effet, était-il bien nécessaire que Jésus s'en allât pour qu'ils reçussent le Saint-Esprit ? Ne pouvait-il pas le leur donner, étant sur la terre ? N'avait-il pas déjà à plusieurs reprises soufflé sur eux en leur disant : Recevez le Saint-Esprit.

Eh bien ! oui, mes chers et honorés amis, il fallait que le Christ montât au ciel pour que les disciples fussent aptes à recevoir le Saint-Esprit. Dieu n'agit point sur l'homme mécaniquement ; il veut bien donner son Saint-Esprit à l'homme, mais il faut à celui-ci une préparation préalable pour le recevoir. Il doit y avoir une correspondance psychologique entre l'esprit de l'homme et l'esprit de Dieu. Il faut que cette préparation se fasse, et c'est ce qui rend nécessaires certains coups de la Providence que tout d'abord nous ne comprenons pas. Voyez-les, les braves et bons amis de Jésus ; au fond, ils l'aiment d'une affection très humaine, et quant à son œuvre, qui devra être la leur, ils ne la comprennent pas. Ce sont des juifs grossiers et charnels. Même après la résurrection de leur maître, suivez-les quand ils l'accompagnent sur la sainte montagne. Ils sont encore tout hantés par les rêves de pouvoir temporel — dont l'Eglise romaine a encore tant de peine à se débarrasser aujourd'hui. Ils se figurent que celui qui a vaincu la mort va renverser facilement Pilate, Hérode, Tibère lui-même, — car il y a ici plus que Salomon, — et ils lui disent dans leur impatience : « Seigneur sera-ce dans ce temps que tu rétabliras le royaume d'Israël ? »

Mais voyez ce qui se passe ! Un nuage lumineux descend, Jésus est enveloppé, il est emporté, il monte, il monte, il monte, il va disparaître, il a disparu... mais il me semble l'avoir entendu répéter, du sein de la nuée cette parole, dont cette ascension est le glorieux commentaire : « En vérité, je vous le dis, il vous est avantageux que je m'en aille ! »

Oui, ils ont compris et aussi la tristesse a disparu de leurs cœurs, il n'est pas dit que ce départ leur ait fait verser des larmes, au contraire ils s'en retournent chantant et louant Dieu. Leurs rêves de gloire et de couronnes terrestres ont disparu aussi dans la nuée céleste, et ils ne les regrettent pas beaucoup, quand même ces couronnes devraient être échangées contre des couronnes de martyrs. C'est dans ces dispositions d'esprit qu'ils vont se mettre à genoux dans la chambre haute. Tout a été spiritualisé en eux : leur affection pour Jésus toute humaine a été rendue céleste, leur idée de son règne toute terrestre est devenue spirituelle, leurs espérances ont pris des ailes et se sont envolées plus haut que les horizons de la Palestine, et cette préparation préalable, les a rendus psychologiquement aptes à recevoir le Saint-Esprit.

II

Il me semble que ces paroles du Seigneur, ainsi comprises jettent de grandes clartés sur les événements les plus sombres de la vie et peuvent nous enseigner à en faire sortir les trésors de spiritualité qu'ils contiennent. Aussi bien de nombreux exemples servent de commentaire à notre texte. Il n'est pas de pasteur qui n'ait eu, dans son ministère, à constater quelque expérience de ce genre.

J'ai retrouvé à Paris une dame que j'avais connue en Province, autrefois riche, avec des airs de grandeur et probablement des sentiments aussi d'orgueil auxquels échappe difficilement la richesse ; elle vivait dans les jouissances, d'ailleurs permises, que le monde lui prodiguait... Quand je l'ai retrouvée à Paris, c'était dans une petite chambre : elle avait perdu presque tout son bien, elle faisait elle-même son ménage, mais quelle humilité, quelle résignation, quelle spiritualité, quelle transformation, quelles aspirations célestes, quel trésor spirituel elle avait acquis! La fortune, en la quittant, lui avait dit à celle-là : « Il vous est avantageux que je m'en aille ! »

— Je vois d'ici à travers son long crêpe funèbre et comme ensevelie dans son deuil, cette mère en larmes, autrefois heureuse, aimée, adorée et peut-être idolâtre. Elle avait installé à son foyer un Thabor dont le vent d'orage a dispersé les tentes. Ses regards comme son cœur étaient concentrés dans un berceau. L'enfant est mort. Le cœur de la mère a été brisé. Elle a compris qu'elle avait oublié quelque chose : l'éternité... et quelqu'un : Dieu. De la mort prématurée de son bien-aimé date sa conversion. Le petit corps froid et silencieux de son chéri a pris une voix pour lui dire en la quittant : « Il vous est avantageux que je m'en aille ! »

J'ai connu un homme, grand parmi ses compatriotes, que sa force d'esprit et de caractère a appelé pendant de longues années au gouvernement de son pays.

Tout à coup, la foudre révolutionnaire éclate, l'homme d'état est renversé. Tant qu'il s'était occupé de la direction des affaires de ce monde, il avait été absorbé et comme enivré lui aussi du pouvoir temporel. Quand il a été dépossédé de ce qui faisait sa vie, il s'est tourné vers Dieu, il a étudié avec sa puissante intelligence la religion chrétienne, et, non seulement il a été un des adeptes, mais un des plus puissants apologètes du christianisme. Vous avez tous reconnu M. Guizot. Le pouvoir humain, en le quittant, lui avait dit aussi : « Il vous est avantageux que je m'en aille. »

Et maintenant, mes honorés et chers frères et amis, aurai-je le courage de faire violence à notre déchirement, à nos émotions, et de faire l'application de cette parole au départ de l'ami si précieux, du professeur si utile, du doyen si bien qualifié, mais, ne va-t-il pas s'élever une protestation émue...? Non ! Non ! Nous ne le dirons pas, ce mot de notre texte ; non, nous n'osons pas le dire ! Non ! c'est une perte poignante, immense, inappréciable ! Il pouvait rendre de tels services à ses chers étudiants ! Il pouvait encore faire tant de bien à la Faculté, à l'Église. Il pouvait encore donner tant de joie et tant de bonheur à sa famille, à ses amis, et un bonheur si élevé, si pur . . . . Ah ! non, arrêtez sur vos lèvres la parole que vous alliez prononcer !

Mes chers amis, bien certainement personne plus que moi n'est de votre avis. Cependant notre grand ami, notre grand frère, notre grand professeur, quelque haute idée que nous en ayons, n'empêche pas Jésus-Christ d'avoir dit de lui-même : « Il vous est avantageux que je m'en aille. » Et ce que Jésus-Christ a dit de lui, peut être dit de tout et de tous. Ah! oui nous sommes comme étourdis par les coups redoublés qui nous frappent. La mort semble avoir visé les têtes les plus hautes de notre protestantisme français : les Bersier, les de Pressensé, les Bois : il n'y en avait point au-dessus. « Pourquoi sont-ils tombés ces hommes vaillants, qui étaient la défense d'Israël ? La forteresse est démantelée. L'ennemi va nous envahir.

Frères, ceignons nos reins. Écartons ces décourageantes pensées. C'est à ce moment qu'on descend dans son caveau sépulcral notre glorieux ami et il me semble que c'est lui-même, oui lui-même, qui, du fond de son caveau souterrain, que dis-je ? du haut de la nuée lumineuse nous crie comme son maître : « Il vous est avantageux que je m'en aille ! »

Ah ! pourrons-nous l'en croire ! N'est-ce pas une

injure à notre douleur ? Oui, pour la chair et pour le sang et pour les perspectives terrestres, nous sommes comme en révolte et nous repoussons cette parole dure . . . Non, non, cher ami, cela n'est pas possible ! Ne nous dis pas cela . . . .

Et cependant si nos cœurs déchirés par la douleur, sevrés de ce qu'il y avait encore de trop humain dans nos affections, sont ainsi rendus plus aptes à se laisser envahir, si j'ose ainsi dire, par le Saint-Esprit. Si ce St-Esprit rend plus lumineuses ses leçons, plus vivants ses souvenirs, plus efficace son œuvre, plus pressante notre conscience dans l'accomplissement de notre œuvre, si nous éprouvons un besoin inaperçu jusqu'ici de nous faire instruire directement par ce professeur par excellence qui s'appelle le Saint-Esprit et qui nous a promis de nous enseigner toutes choses ; si nous savons puiser davantage, avec une sainte avidité, à ces sources du Saint-Esprit que Dieu a mises à notre disposition et dont nous n'osons pas disposer ; si ces rudes secousses, ébranlant l'Église et lui enlevant les uns après les autres ses étais humains elle se lève et dit dans une confession plus sentie : « Je crois au Saint-Esprit », qu'aurons-nous perdu au départ de tel ou tel de nos maîtres, si une ère nouvelle du Saint-Esprit se lève sur l'Église ?

Pour l'obtenir, il faut que chacun de nous, en face du tombeau, non encore fermé de notre ami, prenne l'engagement de demander à genoux au Christ l'envoi d'une mesure du Saint-Esprit telle, que la perte immense qu'il vient de faire soit compensée par un bénéfice spirituel plus grand encore. Dieu le fera. Ce gain ne sera pas seulement le nôtre, mais celui de l'Église. Ainsi se sera accompli à cette occasion, en nous, la parole du Maître, par une effusion abondante du Paraclet, qui seul est le consolateur parce qu'il est le réparateur.

De nombreuses et ferventes prières faites par MM. les Professeurs et plusieurs étudiants ont achevé cette réunion au milieu d'une grande émotion et de beaucoup de larmes.

LE DOYEN BOIS

Je me trompais, hélas! l'autre jour, en pensant que cet adieu serait le dernier (1). Je prends la plume des jours de deuil, encore une fois. Je la reprends avec une émotion profonde, car elle a beau être prévue et attendue, quand elle arrive, la nouvelle fatale produit toujours son effet.

Le doyen Bois vient de mourir entouré des siens. Il a vu arriver son heure, il l'a attendue en paix. Il a eu toutes les soumissions et toutes les sérénités de la foi chrétienne. Il savait et il a fait voir en qui il avait cru. Il a été, jusqu'au dernier souffle, l'objet d'un dévouement dont je ne dirai rien ; je le respecte trop pour le louer.

Il s'était rendu, plein de soucis, au Synode du Vigan. Les questions qui nous préoccupaient tous le préoccupaient aussi et plus vivement. Plus responsable, il était aussi plus inquiet. Il savait que tous n'entendaient pas, comme lui, les devoirs de l'heure présente. Connaissant la vivacité de ses convictions et prévoyant celle de ses paroles, je craignais pour lui ces graves

(1) L'adieu à Edmond de Pressensé.

débats. Au moment où ils allaient s'ouvrir, il fut atteint légèrement, semblait-il. Mais, quand je le rencontrai, deux jours plus tard, la parole était lente, pénible, triste surtout. Revenu à Montauban, il dut s'imposer le silence et le repos. Je ne le revis que le jour de son départ et du mien. Après un court et affectueux entretien, je l'embrassai, et, pensant à moi comme à lui, je me dis que ce pourrait être la dernière fois. — C'était la dernière fois.

On parlera, sans doute, ailleurs et plus tard, de M. Bois comme il convient. On approfondira ce que je ne peux qu'effleurer ici. On dira qu'il eut, dès sa jeunesse, le goût des études philosophiques et qu'il y déploya toutes les ressources de sa rare intelligence. Quelle pénétration, quelle finesse, quelle profonde et longue vue des choses! Quelles clartés surtout, répandues sur les choses les plus obscures! Quel plaisir ou de le lire ou de l'entendre! Nous avons applaudi, à la Faculté, les études de son livre : *Évangile et Liberté*. Il se plaisait à montrer que l'Évangile est la religion même de la liberté. Il était lui-même un homme de liberté. M. Secrétan ne pouvait manquer de l'avoir pour disciple. Il l'était, en philosophie, jusqu'aux conséquences extrêmes. Il admettait des idées qui satisfaisaient sa raison et qui, je l'avoue, confondaient la mienne. Où ne serait-il pas allé, s'il n'avait été retenu par ce qui retenait le maître : ce principe kantien de l'obligation morale, qui, sauvé, sauve tout? Il l'exposa dans son discours d'entrée à la Faculté; il lui est toujours resté fidèle. Mais je ne parle pas de ses opinions philosophiques; je ne fais qu'indiquer ses aptitudes et ses goûts en ces matières. Les lecteurs de l'ancienne *Revue théologique* les ont connues ; ils savent qu'il parlait en maître de nos premiers maîtres.

J'ai dit qu'il était homme de liberté ; c'est assez dire qu'il n'était pas homme de tradition. Sans doute, il retenait beaucoup de choses anciennes ; les principales, même toutes les essentielles ; mais il les retenait par des raisons et de façons nouvelles. Même quand elle était pareille à celle de ces devanciers, sa doctrine était bien sa doctrine ; il ne l'avait pas reçue, il se l'était donnée. Il accordait sa pleine foi aux miracles de l'Ecriture, mais il les entendait et les justifiait avec les idées et les lumières de son temps. La croyance était plus facile et n'était pas moins profonde. Il se taisait où d'autres avaient parlé. Je l'ai vu s'arrêter ému et comme tout tremblant devant les terribles mystères de l'avenir, n'osant pas affirmer, mais osant moins encore nier. Il ne voyait pas pourquoi, philosophiquement ou théologiquement, la misère d'une heure ne serait pas la misère de l'éternité ; la nécessité du bien ne se justifiait pas mieux à ses yeux que la nécessité du mal. Toujours et sur tout, il sauvait la liberté. Sur les deux principales doctrines chrétiennes, le péché et la grâce, il se rapprochait de plus en plus de saint Paul et il s'éloignait de ceux qui s'en éloignent. Il a écrit, ces dernières années, sur l'expiation et sur la rédemption, deux travaux si pleins à la fois de philosophie religieuse et de piété personnelle que Vinet et Adolphe Monod auraient pu leur accorder une égale admiration. Il n'aurait pas dit, avec Agénor de Gasparin, que le premier des dogmes est l'importance des dogmes; mais il n'aurait pas dit non plus que les fruits suffisent et qu'il n'y a pas à s'occuper des arbres. Il a toujours été convaincu de l'importance des doctrines pour la vie religieuse ; il a combattu également le rigorisme et l'indifférentisme dogmatiques.

Nul n'a oublié l'ardeur avec laquelle il a défendu la foi de l'Église au Synode de 1872. Cette assemblée comptait beaucoup d'orateurs religieux sortis de nos écoles religieuses: les Colani, les Coquerel fils, les Pécaut, les Viguié, les Fontanès ; il fut le premier par l'éclat et le succès de la parole. Son souvenir vivra aussi longtemps que restera la mémoire de ce Synode. On a donné son nom à la Déclaration de foi dont il fut le principal inspirateur. On a eu tort. Il ne faut pas donner le nom d'un homme à l'œuvre de plusieurs ; mais si un nom particulier devait être choisi, aucun ne saurait être aussi justifié que le sien.

On aurait pu croire qu'il aimait les luttes ecclésiastiques ; il ne les aimait point. Au lieu de les rechercher, il les évitait. Il ne continua pas, comme d'autres, les débats du Synode. Quelques lettres rapides et sans nom, ce fut tout. Que de fois ne l'ai-je pas sollicité ! Toujours sans succès. Il m'approuvait et m'encourageait, mais il ne m'imitait pas. Il était, quant aux controverses, un second Jalaguier, avec cette différence que M. Jalaguier les croyait funestes et qu'il les trouvait pénibles.

M. Bois était enclin, au jugement de plusieurs trop

enclin, aux accomodements. Ce fut son ardent désir et son constant effort, au Synode de 1872, de retenir le centre gauche. Il signa à Paris, avec répugnance, il est vrai, cet accord de 1876 qui lui a été reproché et que peut-être il s'est reproché. Il ne voulut pas se séparer de ses collègues de la Commission permanente. Il est resté étranger aux autres tentatives d'entente, convaincu qu'il était, qu'elles ne pouvaient aboutir. Il a soutenu, de l'autorité de sa parole, la cause des Synodes officieux. Nous nous sommes fait l'honneur, au Synode de Saint-Quentin, de le choisir pour notre modérateur. Nul, dans notre assemblée, n'était plus capable de diriger nos débats.

Il avait été pasteur avant d'être professeur. Pasteur fort distingué et non moins zélé. Il aimait à rappeler les beaux jours de son ministère à Montmeyran. Il avait travaillé, concouru, il n'aurait pas permis qu'on dit présidé à un véritable réveil religieux. L'Église d'Alais était heureuse et fière de le posséder quand nous pensâmes à lui. Elle comptait bien le garder. Elle trouvait en lui un prédicateur qui la consolait du départ de M. Dhombres. Nous avons entendu souvent, à Montauban, l'ancien pasteur d'Alais ; tous, maîtres et élèves, j'en appelle au souvenir de ces derniers, nous avons été frappés de sa vive et pénétrante éloquence. Les idées abondaient et éclataient sous les mots. Le prédicateur s'est tu trop tôt.

Nous ne le connaissions pas, quand on nous conseilla de l'appeler pour remplacer M. Ernest Bonifas. Celui-ci nous l'avait aussi désigné. Il fallut le contraindre. Il nous déclara que nous n'avions aucun concours à attendre de lui pour le succès très difficile et même très douteux de sa candidature. Il attendit, sans s'en occuper les votes des consistoires qui lui donnèrent une belle majorité.

J'ai vu de près ce professorat de plus de trente ans. Ils sont nombreux les pasteurs de notre Église qui savent ce qu'il a été. M. Bois éclairait et animait tout ce qu'il touchait. Quand nous eûmes obtenu de lui qu'il acceptât la place de M. de Félice, qui était sa vraie place, il s'adonna à cette étude des systèmes de morale contemporaine qui devint le principal intérêt de son cours. Il enseignait aussi l'éloquence sacrée et il l'enseignait en homme qui l'avait pratiquée. Ses critiques des sermons étaient remarquées et recherchées. C'est aux soutenances des thèses surtout qu'il déployait ce talent de parole qui l'aurait fait applaudir également à la tribune et au barreau.

Il devint doyen. Il méritait le titre. Il le porta dignement à Montauban, à Toulouse, à Paris, partout. Il pouvait être un doyen hardi, il aimait mieux être un doyen prudent. Frappé des difficultés, défiant des moyens, il retenait plutôt qu'il ne poussait. Il ne s'abandonnait que dans l'accomplissement des devoirs. Quand il fallait servir les professeurs ou les élèves, il oubliait les précautions. Il exerçait l'autorité sans la faire sentir. Aux conseils de la Faculté, le chef disparaissait dans le collègue. Il suivait nos avis plutôt qu'il ne nous faisait suivre les siens. Je l'en ai blâmé quelquefois. Il donnait le nom d'amis aux étudiants et il les considérait toujours comme tels. Au jour des difficultés, car il y a partout des difficultés, ce qu'ils trouvaient en lui, n'était pas la sévérité, mais la tristesse. M Bois a vu plusieurs fois la Faculté menacée de perdre l'appui de l'État; il en a été ému, point inquiet; il nous a dit, chaque fois, que la Faculté trouverait honneur et sécurité dans les bras de l'Eglise. Nous l'avons cru comme lui.

Il ne vivait pas seulement pour la Faculté; il vivait de la Faculté. Elle était l'objet constant de ses pensées. Il s'est usé et éteint à son service.

En résumé, le doyen Bois a été un homme véritablement remarquable parmi nous; d'un esprit vif, prompt, brillant, pétillant, voudrais-je dire, surtout dans les discussions; d'une nature élevée, déjà bonne avant d'être chrétienne; d'un dévouement qu'aucun devoir n'a jamais lassé: d'une piété également éloignée des austérités et des relâchements, et qui a rempli l'âme, la vie et le foyer. Enfin, d'une autorité acquise par la personne, grandie par la position et reconnue de tous.

Voilà pourquoi le deuil de la Faculté est aussi le deuil de l'Église. Une bienfaisante lumière s'est éteinte pour les deux.

Sans doute la perfection n'était pas là. Où est-elle? Bien loin d'être dans les actes, elle n'est pas même dans les intentions. l'apôtre disait: *Misérable que je suis!* Quel est le chrétien qui n'a pas à répéter ce mot, chaque jour et jusqu'au dernier jour?

On voit ce que la Faculté de Montauban a perdu en

perdant un pareil chef. Notre douleur est profonde. Le deuil est dans tous les cœurs. On ne le sait que trop, personne ne peut remplir le vide. Hélas! les coups succèdent aux coups. Après le pasteur Bersier, Edmond de Presensé; après Edmond de Pressensé, Charles Bois. Ils étaient les trois premiers et nous pouvions nous demander lequel était le plus fidèle ou le plus utile à l'œuvre de Dieu. Ils ont été rappelés avant l'heure, avant notre heure. C'est notre devoir et c'est aussi notre consolation de croire que c'est la même sagesse qui envoie et qui retire les serviteurs du Maître. Il reste de la force pour les faibles. L'épreuve n'est pas l'abandon. Que l'école des Encontre, des Jalaguier, des de Félice, des Bonifas, des Sardinoux, des Charles Bois, reste digne d'elle-même et qu'elle ne doute ni de la confiance des Églises, ni des secours de Dieu.

C'est l'heure des funérailles; mais c'est aussi le jour de l'Ascension; l'heure de la tristesse, mais aussi le jour de l'espérance.

Il me semble que ces lignes sont un rêve et que le mort est encore tout vivant. Hélas! c'est fini,—ici-bas —mais ailleurs? Oh! que nous voudrions regarder à travers le voile? Nos pauvres yeux sont impuissants. Contentons-nous du miroir obscur, en attendant que nous voyions face à face et que nous connaissions comme nous avons été connus.

J. PÉDÉZERT.

7 mai 1891.

Le Christianisme au XIXe siècle, numéro du 16 mai 1891.

LES OBSÈQUES

DE M. LE DOYEN BOIS

Nous sommes arrivés à la station de Ners (entre Nimes et Alais) jeudi, vers une heure de l'après-midi. Le même train amenait la famille affligée, les deux délégués officiels de la Faculté de Montauban, MM. Monod et Bruston, dix étudiants représentant leurs condisciples, quelques amis. Nous nous sommes mis en route pour Saint-Bénézet, suivant la dépouille de notre cher doyen.

Selon la coutume du pays, le cercueil était sur une charrette, mais toute couverte de guirlandes et de couronnes, parmi lesquelles se distinguait une magnifique couronne envoyée par les étudiants de Montauban. Nous suivions, absorbés dans notre tristesse. Avec quelle vivacité je me rappelais le commencement imperceptible, presque inaperçu de cette maladie si promptement fatale. Il n'y a pas encore un an : le doyen était plein de vie et se préparait à discuter avec sa vivacité et sa lucidité ordinaires les graves questions agitées au Synode du Vigan. Nous jouissions de la même hospitalité. Un soir, à dîner, il me parut parler avec moins d'empressement que d'habitude. Je pensai qu'il était préoccupé et répondis pour lui à deux ou trois questions que nos hôtes nous posaient au sujet des débats de la journée. Nous nous levâmes ensuite de table et sortîmes dans le jardin. Je m'approchai de lui et lui dis en riant: « Eh bien! doyen, vous n'êtes pas causeur ce soir. » — « Non, me répondit-il, je ne me sens pas très bien. Cette après-midi, je présidais mon bureau, quand j'ai éprouvé un certain malaise. Un peu après, j'ai voulu écrire une lettre, je ne trouvais pas mes mots. Alors je suis rentré en séance. Mais je suis fatigué. » Et c'était tout. Personne n'avait rien remarqué. Moi-même qui lui parlais, je ne remarquais rien de particulier. Et cependant le coup était porté.

Après diverses alternatives, on put croire vers le commencement de cette année, que le mal céderait. Non seulement toutes les facultés restaient intactes, mais la paralysie, qui depuis le mois de septembre avait saisi le côté droit, disparaissait peu à peu. Malheureusement le mal nouveau avait réveillé un mal déjà ancien. Bientôt les douleurs augmentèrent, et devinrent continuelles. Ce sont ces souffrances qui l'ont fatigué, usé, épuisé. Mais toujours l'intelligence était là, survivant aux organes qui l'avaient si admirablement servie. C'était une lutte étrange. Presque à la dernière heure, au milieu de douleurs angoissantes, pour ceux qui en étaient témoins, un des membres de la famille, s'approcha de lui et lui dit: « Comme tu es patient, je ne pourrais pas supporter tout cela comme toi. » Il chercha un moment les mots pour répondre, puis ne pouvant y parvenir, il se mit à sourire, de ce sourire que ses amis connaissaient bien, de ce sourire lumineux qui éclairait et transformait tout son visage.

Pendant ce temps nous nous rapprochions du village. Sur la route nous rencontrions des groupes de 10, 15, 20 personnes qui nous attendaient. Par les divers chemins, des voitures arrivaient. Nous fîmes halte, et le cortège se forma.

D'abord venaient les étudiants, portant leur belle couronne. Cet honneur leur était dû. Ce n'est pas sans une vive émotion et une grande reconnaissance que la famille avait vu tant de jeunes gens, faire un si long voyage pour venir témoigner une dernière fois leur affection à leur maître vénéré. Les pasteurs de la contrée, la plupart anciens étudiants de M. Bois, suivaient; puis marchait la famille avec les professeurs, le directeur du séminaire de Montauban, M. Vielles, les amis, et bientôt tout le village, grossi d'une foule accourue des environs. La route finissait par être encombrée.

On entra ainsi dans la cour du château.

Une petite chaire, qui sert d'habitude aux réunions en plein air, était dressée. Le cercueil fut déposé au pied et le service funèbre commença à l'ombre des grands arbres.

Le pasteur de Lédignan (paroisse dont relève Saint-Bénézet), M. Sayn, le présidait. Avec émotion, il rappelle en particulier l'influence religieuse du doyen dans la contrée. M. Monod prend la parole au nom de la

Faculté de Montauban. Son discours est écrit dans ce style noble et élégant qu'on lui connaît et qu'il met au service de pensées toujours élevées. Il parle surtout du professeur, du doyen, et fait vivement sentir aux auditeurs toute la perte qu'éprouve la Faculté.

Le président de l'Union des Étudiants, M. Benoit, exprime d'une manière simple et touchante le regret de ses condisciples, de n'avoir pu venir tous. Il montre combien tous admiraient et combien tous aimaient celui qui n'est plus.

M. Maury lit une courte et affectueuse adresse des stagiaires, qui, eux aussi, ont voulu avoir leur représentant spécial dans cette triste cérémonie.

Au nom des anciens étudiants, M. Poux, pasteur à Alais, prend ensuite la parole. C'est un ami de la famille, et son émotion se communique à l'assemblée.

M. Gaujoux rappelle tout le plaisir et tout le profit que l'Union pastorale des Cévennes avait de posséder souvent le doyen dans son sein.

Enfin M. le pasteur Babut, après avoir dit adieu à M. Bois, au nom de l'Église réformée tout entière, après avoir indiqué quelle part immense M. Bois avait prise dans tout ce qui s'était fait d'important depuis vingt ou trente ans, termine par une fervente prière.

Il ne nous restait plus qu'à accompagner le doyen jusqu'à sa dernière demeure, dans ce caveau bâti à coté de la chapelle, sur une petite hauteur d'où la vue s'étend sur tout le pays, jusqu'aux montagnes des Cévennes. Là déjà repose Mme Bois, séparée si peu de temps de celui dont elle avait si admirablement complété l'existence. « Christ est ma vie ! » C'est la parole gravée sur le fronton du mausolée, c'est la parole qui illumine toutes ces ténèbres de lueurs dont les feux adoucis du soleil qui se couche ne sont que le faible symbole.

Et je reviens, repassant en mon esprit tout ce que j'ai entendu.

Le doyen a été beaucoup aimé, peut-être plus encore qu'on ne le lui a dit et montré pendant sa vie. On l'a aimé dans la mesure où on l'a connu. Ceux qui ont vécu dans son intimité avaient pour lui presque un culte. Quel témoignage vaut celui-là ? En même temps que l'affection donne aujourd'hui libre carrière à ses manifestations, on se rend mieux compte de ce que l'on pensait presque inconsciemment. Tout le monde savait que M. Bois était un homme doué de qualités intellectuelles rares, exceptionnelles, mais on s'était habitué à attendre de lui beaucoup, tout, et l'habitude avait comme endormi l'admiration. A la secousse que l'on éprouve en ce moment, la réalité réapparait entière. On ne voit personne pour remplacer cette sagesse et cette audace de pensée, ce sentiment des besoins actuels et cet attachement à l'Évangile éternel, cette science si étendue (langue hébraïque, philosophie, dogmatique, exégèse) et cette lucidité merveilleuse d'exposition, cette préoccupation de la théorie et cette aptitude au gouvernement....

Tout cela disparaît au moment où l'on aurait le plus pressant besoin de tout cela.

La mort de M. Bois va marquer une date dans l'histoire de notre Faculté, de notre église réformée, de notre protestantisme français. A Saint-Bénézet tout s'est passé dans le recueillement de la tristesse. Notre collègue, notre maître et notre ami repose là-haut sur la colline, dans la lumière et dans la paix, en face de la Gardonenque, la grande plaine protestante. Mais l'Église ne se prépare-t-elle pas à faire de douloureuses funérailles au défenseur de la déclaration de foi de 1872, à l'initiateur des Synodes officieux ?

C'est l'angoisse au cœur que je me pose cette question. Je dis l'angoisse, non pas le découragement. J'ai confiance en Dieu, j'ai même confiance dans les hommes. Pour notre Église aussi reviendra l'heure du triomphe : mais combien de temps allons nous l'attendre ? et par quels jours de luttes et de ténèbres devrons nous passer ?

E. DOUMERGUE.

Le Christianisme au XIXe siècle, numéro du 16 mai 1891.

SOUVENIRS D'UN ANCIEN ÉLÈVE

Encore un deuil et un deuil profond. Encore une vive lumière qui s'éteint. Encore une force qui est enlevée à nos Églises. M. Charles Bois, le doyen de la Faculté de Montauban, vient de mourir à Montpellier après neuf mois de maladie. Brusquement atteint, en pleine activité, au mois de juillet dernier, pendant la session du Synode général du Vigan, il n'a pu reprendre les fonctions qu'il remplissait avec autant d'autorité que de distinction. C'est avec une profonde tristesse que nous disons adieu au maître éminent que nous avons entendu pendant quatre années et dont l'influence était si grande sur l'esprit des étudiants Nous pouvons le dire, sans ingratitude et sans injustice envers les vivants, le professeur qui vient de disparaître laisse un vide qui ne sera pas comblé. Il n'y a pas actuellement dans notre Protestantisme français d'homme qui puisse prétendre à une pareille succession. Parmi les maîtres auxquels nous serions heureux d'exprimer ici notre admiration et notre reconnaissance, nous pourrions en citer dont l'enseignement réchauffait davantage la piété des étudiants ou leur inculquait plus de science ; nous n'en nommerions point un seul qui exerçât une influence aussi pénétrante sur leurs idées philosophiques et sur leurs convictions religieuses.

M. Bois était avant tout un penseur ; c'était une intelligence d'une vivacité prodigieuse, toujours en éveil, à l'affût des idées nouvelles, d'une souplesse incomparable dans la discussion, singulièrement habile à trouver le défaut de la cuirasse. Il pensait et il apprenait à penser. Ce qu'il fut comme pasteur dans une église de la Drôme et à Alais ; ce qu'il fut comme membre du Synode officiel de 1872 et de plusieurs des Synodes officieux, d'autres pourront le dire qui l'ont vu à l'œuvre. Pour nous, nous voulons nous contenter de rendre hommage au professeur dont nous avons suivi les cours avec un intérêt qui ne s'est jamais affaibli : dans sa chaire, autour de la table de travail où les étudiants venaient discuter avec lui les questions du jour ou les problèmes dogmatiques, dans les salons où nous aimions à le rencontrer, il ne se lassait pas d'éveiller les esprits et de prodiguer les inépuisables ressources de son intelligence. Peu d'hommes ont été doués de facultés aussi diverses et aussi brillantes ; on se le représentait aisément occupant, avec le même succès et le même éclat, la chaire d'un Caro un d'un Janet, une tribune politique ou la barre d'un tribunal. La voix seule lui aurait manqué. Il avait le geste expressif, une physionomie spirituelle où se peignaient toutes les nuances et tous les mouvements de la pensée, une action vive et passionnée, une facilité d'élocution vraiment merveilleuse.

Nous le voyons encore arriver à l'heure du cours,

sous les vieilles arcades du Séminaire, une élégante serviette sous le bras, habillé avec une correction impeccable, alerte et jeune malgré ses soixante ans, l'œil brillant sous le lorgnon inamovible et presque toujours le sourire aux lèvres ; à le voir, on devinait en lui un homme pour lequel la vie était clémente et qui se sentait entouré d'estime et d'affection. Il montait rapidement dans sa chaire, inclinait sa belle tête chauve si joliment encadrée d'une étroite couronne de cheveux blancs, prononçait à voix très basse une invocation dont, pour ma part, je n'ai jamais entendu que les deux derniers mots.... « Le ciel et la terre », — puis dans le silence aussitôt établi, et devant cet auditoire où il n'a jamais eu la tristesse de constater de vides,—il commençait une de ces leçons à la fois solides et brillantes que l'on écoutait avec une attention soutenue. Point d'éclat, point de ces mouvements oratoires qui sentent le clinquant et qui arrachent les applaudissements aux auditeurs naïfs ; — la pensée se déroulait rapidement, comme une rivière limpide et profonde ; l'expression en était si claire, si lumineuse qu'on la saisissait sans effort et qu'un esprit superficiel — étonné de tout comprendre — aurait pu en contester la profondeur. Les Étudiants avaient surnommé François Bonifas : « La Conscience. » — Ils auraient pu appeler M. Bois « L'Intelligence. » — Il savait tout comprendre, tout assimiler — et les pensées des autres ne pouvaient que gagner à être exprimées par lui. Quand il exposait un système philosophique ou dogmatique, on aurait cru qu'il en était l'auteur — et bien souvent l'auteur lui-même se serait félicité d'avoir trouvé un pareil interprète.

La place nous manquerait si nous voulions résumer l'enseignement de ce grand remueur d'idées : —disons en deux mots qu'il a rendu au corps pastoral une double service, qu'il l'a marqué d'une double empreinte. — Tout d'abord, par ses leçons et en particulier par son cours sur la *Conscience morale*, il a enseigné à ses élèves la véritable apologétique : il leur a fourni tout un arsenal de preuves empruntées non pas, suivant la mode antique et traditionnelle, aux autorités extérieures, mais à la conscience elle-même et à la raison. Il leur a montré comment se justifiait le mot de Tertullien : « L'âme humaine est naturellement chrétienne. » Il a continué à sa manière, avec originalité et indépendance, l'œuvre de Vinet. Ses adversaires dogmatiques l'ont toujours accusé d'être un autoritaire, à cause de la confession de foi dont il est le principal auteur et qu'il fit triompher au Qynode de 1872 : ceux qui ont eu le privilège d'être ses élèves savent que cette critique porte à faux. Nul esprit n'était plus ouvert ni plus large. Si jamais les étudiants sortis de Montauban faisaient preuve d'étroitesse, ce n'est pas à l'influence de M. Bois qu'on pourrait attribuer ce malheur. Il n'a pas souche de sectaires.

A côté de l'action qu'il a exercée par ses idées et par sa méthode, il faut relever l'influence bienfaisante de son cours d'homilétique. Il a contribué pour une large part à rehausser le niveau de la prédication protestante. Il s'est efforcé de donner aux étudiants le goût des sermons pratiques. Il n'aimait guère les grandes pièces d'éloquence qui se perdent dans les généralités et qui risquent fort de produire l'ennui : il voulait que l'auditeur sentît toujours l'aiguillon, ou plutôt la pointe de « l'épée à deux tranchants. » Il n'admettait pas qu'on prît un texte pour en faire simplement l'épigraphe d'un discours sur un sujet que l'auteur sacré n'avait pas même soupçonné : il nous recommandait de traiter le texte que nous avions pris et de n'en point dépasser les limites ; la fidélité, dans ce cas, est la condition de la variété. Qui ne traite par son texte, s'expose à tourner indéfiniment dans le même cercle d'idées. D'ailleurs, aucun parti-pris, aucun genre convenu. Il ne croyait pas qu'il y eût, en fait d'éloquence sacrée, un type unique et parfait : il était trop intelligent pour adopter un genre de sermons et pour condamner toute forme indifférente. On pourrait, je crois, résumer son enseignement homilétique en ces deux préceptes : « Traitez votre texte » — et « Soyez vous-même. »

M. Bois a peu écrit. A vrai dire ce n'était pas un écrivain de race. C'était un improvisateur merveilleux : ce n'était pas précisément un littérateur. Il avait un style correct et vif qui revêtait sa pensée d'une enveloppe souple et légère. Mais son style était moins remarquable que ses pensées. Nous aimerions que les résultats de cette grande activité intellectuelle ne fussent point perdus. Une belle série de conférences qui forment un volume, *Evangile et liberté*, — quatre discours prononcés au Synode de 1872, quelques brochure sur la *Solidarité* et le *Surnaturel*, une *Chronique philosophique* des plus suggestives qui paraissait dans la *Revue théologique*, voilà à peu près tout ce que M. Bois a publié. — Nous croyons que les notes de quelques-uns de ces cours, en particulier celui de la *Conscience morale* sont assez complètement rédigées pour fournir la matière de plusieurs volumes. Nous attendons cette publication de la pitié filiale de notre ami et condisciple Henri Bois. Le jour où cette œuvre magistrale paraîtra. les adversaires du Maître éminent qui vient d'entrer dans son repos, seront obligés de rendre justice au libéralisme de sa méthode et à la largeur de son esprit.

Jean LAFON.

Le Protestant de Normandie, numéro du 16 mai 1891.

TABLE

I. — A SAINT-BÉNÉZET

Pages

Discours prononcés par :

M. le pasteur Sayn..	5
M. le professeur Jean Monod....................................	9
M. G. Benoit, président de l'Union des Étudiants...........	14
M. Maury, professeur stagiaire à Montauban................	17
M. le pasteur V. Poux...	18
M. le pasteur Gaujoux, secrétaire de l'Union pastorale des Cévennes...	25
M. le pasteur Babut..	27

II. — A MONTAUBAN

Prédication de M. le pasteur D. Benoit.......................	31
Allocution de M. Arbousse-Bastide............................	43
Le doyen Bois (*J. Pédézert*)....................................	51
Les obsèques de M. le doyen Bois (*E. Doumergue*)......	59
Souvenirs d'un ancien élève (*J. Lafon*).....................	65

Montpellier, Imprimerie centrale du Midi (Hamelin Frères).

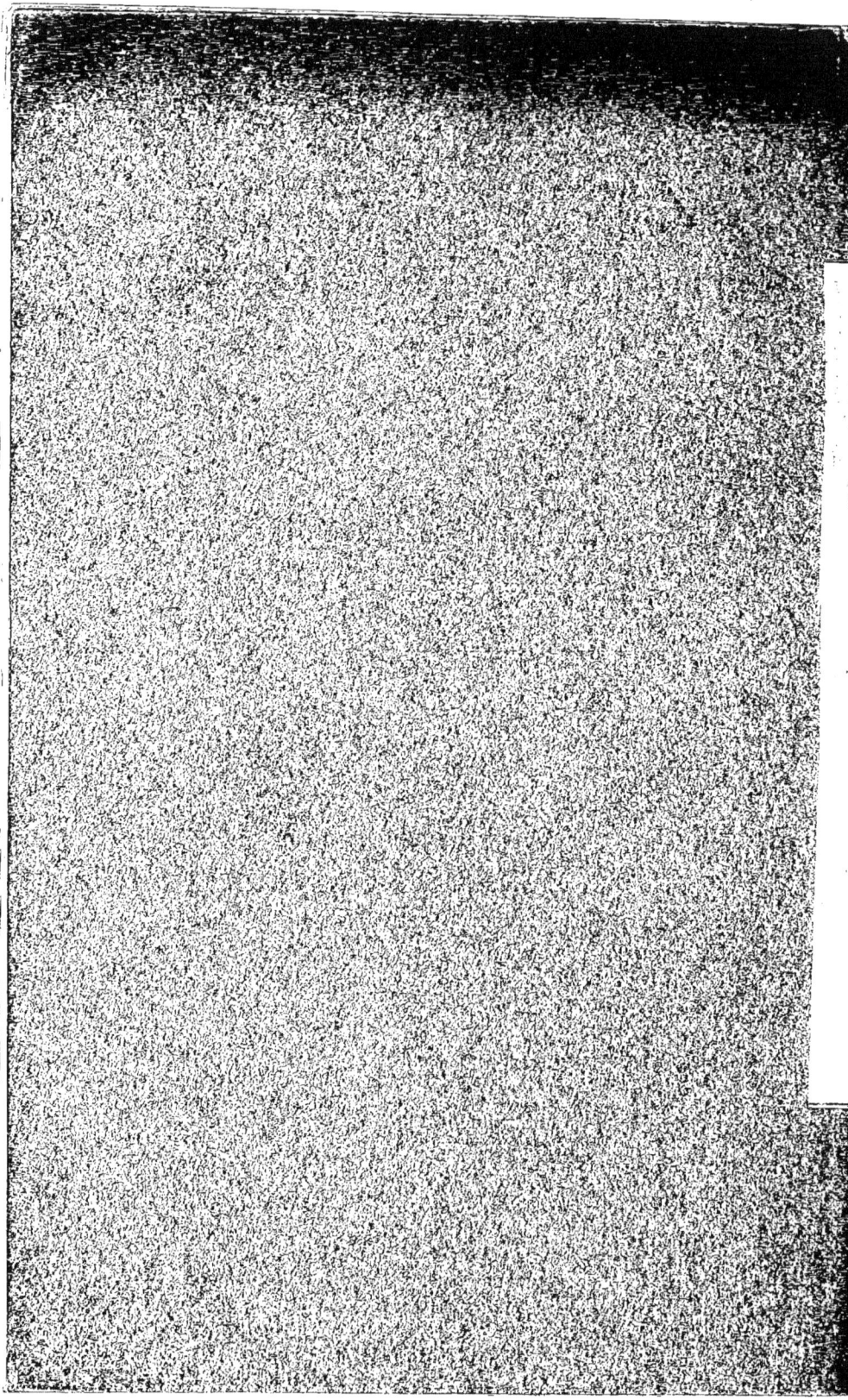

www.ingramcontent.com/pod-product-compliance
Lightning Source LLC
LaVergne TN
LVHW020947090426
835512LV00009B/1757